[美] 帕特里克·兰西奥尼（Patrick M. Lencioni） 著

动机

领导者的定位与职责

The MOTIVE

WHY SO MANY LEADERS ABDICATE THEIR MOST IMPORTANT RESPONSIBILITIES

彭淑军 译

電子工業出版社
Publishing House of Electronics Industry
北京·BEIJING

The Motive: Why So Many Leaders Abdicate Their Most Important Responsibilities
ISBN：9781119600459 / 9781119600456

版权贸易合同登记号　图字：01-2020-2658

图书在版编目（CIP）数据

动机：领导者的定位与职责 /（美）帕特里克·兰西奥尼（Patrick M. Lencioni）著；彭淑军译. —北京：电子工业出版社，2020.11
书名原文：The Motive: Why So Many Leaders Abdicate Their Most Important Responsibilities
ISBN 978-7-121-39654-0

Ⅰ. ①动… Ⅱ. ①帕… ②彭… Ⅲ. ①企业领导学Ⅳ. ① F272.91

中国版本图书馆 CIP 数据核字（2020）第 209978 号

责任编辑：王　斌
印　　刷：北京虎彩文化传播有限公司
装　　订：北京虎彩文化传播有限公司
出版发行：电子工业出版社
　　　　　北京市海淀区万寿路173信箱　　邮编：100036
开　　本：880×1230　1/32　印张：5.375　字数：110千字
版　　次：2020年11月第1版
印　　次：2024年2月第5次印刷
定　　价：69.00元
凡所购买电子工业出版社图书有缺损问题，请向购买书店调换。若书店售缺，请与本社发行部联系，联系及邮购电话：（010）88254888，88258888。
质量投诉请发邮件至zlts@phei.com.cn，盗版侵权举报请发邮件至dbqq@phei.com.cn。
本书咨询联系方式：（010）88254199，sjb@phei.com.cn。

帕特里克·兰西奥尼的其他著作

《CEO 的五大诱惑》（*The Five Temptations of a CEO*）

《CEO 的四大迷思》
（*The Four Obsessions of an Extraordinary Executive*）

《团队协作的五大障碍》（*The Five Dysfunctions of a Team*）

《别被会议累死》（*Death by Meeting*）

《克服团队协作的五种障碍》
（*Overcoming the Five Dysfunctions of a Team*）

《打破部门壁垒》（*Silos*，*Politics*，*and Turf Wars*）

《困扰职业家庭的三个重要问题》
（*The Three Big Questions for a Frantic Family*）

《示人以真》（*Getting Naked*）

《优势》（*The Advantage*）

《理想的团队成员》（*The Ideal Team Player*）

译者序

这是一本让人拿起来就放不下、忍不住要一气呵成读完的书。读着读着，你会联想起很多曾经看到过或者亲身经历过的现实场景，忍不住要反思当初行为的可能动机。读完全书你会幡然醒悟，原来学了那么多，工作那么努力还是做不好一个领导者的原因是你的内心并不想成为一位真正的领导者，或者说，你一开始对成为领导者的动机就是错的！

这种醒悟特别可贵，一方面，正如兰西奥尼先生在前言中所说的那样，这也许会让你在一个完全不同的岗位中更好地发挥自己的天赋和爱好；另一方面，当你厘清了成为领导者的动机，成为责任型的领导者，你会发现，你之前所学的领导力知识和沉淀经验会应用得更自如，对组织产生的功效更理想。

人本身就是个复杂的系统，身心语义学里的矩阵模式为我们呈现了一个人的认知行为框架。当一个人内在的目的和意义与外在能力因素不一致时，呈现出来的综合表现（状态）就不会理想。这本书里阐述的两种成为领导者的动机，所对应的内在意义是不同的。回报型的领导者动机带来的工作意义更趋向于自我享受和获得回报；责任型的领导者动机意味着工作要为组织负责，这是组织健康发展所需要的领导者认知。当内在目的与意义清晰时，外在行为就会配合内在意义，呈现出整体的外在表现。大多数时候，我们都在外在自我能力等方面去调整和努力，想要提升自己的领导能力，但这样的努力治标不治本，往往收效甚微。当你从内在动机开始调整，加上你所学的领导技能，在符合了健康组织发展应有的领导者要求时，你会发现，所有的表象行为问题都迎刃而解。

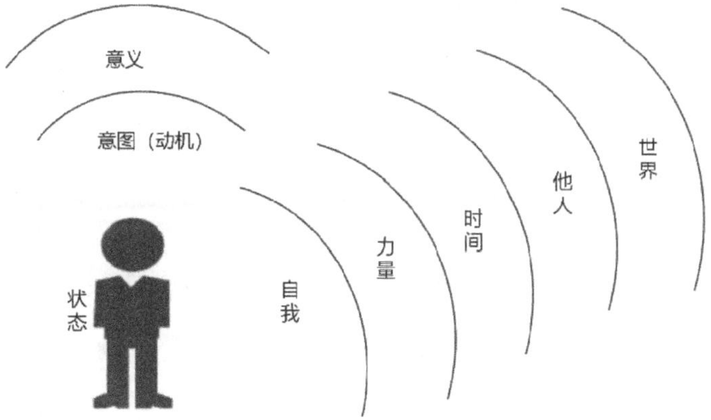

除了在企业的工作经历，作为组织健康咨询顾问，我在服务企业的这些年里，见到过很多有理想的人，他们努力想实现自我价值，不断升职加薪，最终坐到让人仰望的位置，成为某家公司的CEO，这似乎是证明自己价值的最好方式。而这种证明自己的动机也特别容易让他们成为回报型领导者，成为阻碍组织健康发展的领导者，这和他们想要证明的价值又不相符。我也见到过很多领导者一方面想把组织带到更高的层面，另一方面又受到回报型领导者动机的诱惑，放弃了承担自己最重要的责任而不自知。所以，厘清成为领导者的动机对他们是很有意义的！

这本书延续了兰西奥尼先生一贯的写作风格，通过一个寓言故事作为案例，层层剖开领导者行为背后的动机。故事场景感极强，情节曲折跌宕，总有些意想不到的转折点。书中两位CEO的对话既尖锐又颇有教练艺术，在扣人心弦的同时也能引发读者自身的思考。

因此，我想，这是一本适合所有领导者和未来领导者认真阅读的书，它从动机层面剖析了未来阻碍自己领导力发展的核心问题。读完后请问问自己："我为什么要成为领导者？"当你清晰地回答了这个问题时，我相信，你的选择对你自己、对你所在的组织都是极有意义的！

译者简介：

彭淑军，组织健康咨询顾问，“克服团队协作的五种障碍”工作坊认证导师，广州楚智咨询创始人。

前　言

每当我在学校的毕业典礼上，听到演讲者对着一群学生宣讲“走出去，成为一名领导者”时，我都想站起来大喊：“不！请先不要去当领导者，除非你有正确的理由去成为领导者，而你很可能没有！”让我解释一下为什么我会这么说。

这是我写的第十一或第十二本商业书籍，具体多少取决于你如何去计算。如果有人第一次读我的书，我会建议他们从这本书开始。

那是因为我写过的大多数书都聚焦于如何成为一名领导者，比如，如何运营一个健康的组织，如何领导一个有凝聚力的团队，如何管理好员工。然而，这些年来，我逐渐意识到，有些人没有欣然接受我在书里的建议，是缘于他们一开始想成为领导者的动机！

从小，我身边的人就鼓励我和我的同龄人未来成为领导者。表面上，我受到了他们的鼓励，从有能力做的那一刻开始，就一直在寻找机会去领导他人和组织，从争当一个小队长到竞选学生会主席。但是，和很多人一样，我从来没有停下来思考：我为什么要成为一个领导者。

事实证明，对大多数年轻人和许多成年人来说，成为领导者的主要动机就是看重因此所带来的回报，比如名望、地位和权力。但是这些以回报为主要动机的领导者，当他们看到履行职责和获得回报之间关系不大的时候，就不会遵守这个领导岗位的要求。他们会根据自己能得到什么回报，而不是根据他们需要承担的责任来选择如何安排自己的时间和精力。这样非常危险，也很常见。《动机》这本书的目的就是让这种现象越来越少。

我希望这本书能帮助你理解并调整自己的领导动机，使你能完全接受领导一个组织所面临的困难和应承担的责任。或许，这本书能帮助你醒悟，然后平静地得出一个结论：你可能根本不想成为一个领导者。而这也许会让你在一个完全不同的角色中更好地发挥自己的天赋和爱好。

目　录

寓　言

两位CEO的故事

人物介绍

谢伊·戴维斯	金门安保公司CEO
利亚姆·奥尔科特	德尔玛警报公司CEO
丽塔	谢伊·戴维斯的助理
丹妮	谢伊·戴维斯的妻子
艾米·斯特林	灯塔伙伴顾问公司的负责人之一
乔伊·韦布伦	海湾合伙人公司人员
克里·赖德	海湾合伙人公司人员
凯瑟琳·彼得森	德尔玛警报公司退休高管
杰基·洛雷罗	金门安保公司CFO

引　言

谢伊·戴维斯是金门安保公司的CEO，公司总部位于加州北部的旧金山湾埃默里维尔小镇。谢伊上任6个月来，虽然公司的经营业绩也在增长，但相比本地区其他同类公司要慢，利润率相比行业龙头企业全美警报公司更是差得很远。

谢伊知道虽然他不会马上遭到解雇，但股东最多也就会再给他9个月的时间来挽回颓势了。他知道自己不能就这么坐以待毙。在职场拼搏了二十多年，好不容易做到这个职位，不能眼看着自己多年的努力白费。

所以，他决定放下自己的骄傲，也不要管什么面子，打一个让他觉得很艰难的电话。

灯塔伙伴是一家位于加州南部半月湾的小型咨询公司，以工作方式有趣，能让客户获得成功而闻名。灯塔伙伴服务过一个客户叫德尔玛警报公司，总部位于圣迭戈，这可是加州地区安保领域的明星企业。

德尔玛警报公司及其CEO利亚姆·奥尔科特，无论是在贸易展上，还是在商业杂志上，都经常受到称赞，他带领的德尔玛警报公司有着不寻常的盈利能力，并且具备对抗像全美警报公司这样的龙头公司的能力。

通常情况下，咨询顾问不会为互为竞争对手的公司同时提供服务，但谢伊觉得或许他可以尝试一下，看看灯塔伙伴咨询公司的顾问是否愿意为自己提供服务。谢伊联系了灯塔伙伴的咨询顾问，不出所料，顾问说她必须和她的客户确认一下，看看她是否可以和同行业的其他公司合作。

谢伊几乎很肯定他不会收到她的回信了。但他完全没有预料到接下来发生的事情。

对手约见

要讨厌一个你不认识的人其实挺难的，但是在对待利亚姆·奥尔科特的问题上，谢伊认为他还真就不是这样，谢伊很讨厌利亚姆。

谢伊从未真正和奥尔科特相识，除了在一次行业活动中与他敷衍地握过手打个招呼，还听过他的几次演讲，隐约记得还读过一些关于他的采访报道。尽管如此，谢伊觉得这个人有点装，对他假装和蔼可亲的样子和时常做些让人看不懂的事情越来越反感。谢伊的手下都知道他很讨厌利亚姆。

所以，当谢伊的助理丽塔走进他的办公室，说有个叫利亚姆的人在1号线找他时，谢伊还以为是自己手下的哪个主管在跟他开玩笑，正打算拿起电话陪他们玩玩，看到来电显示上的区号，他立马意识到打电话的人可能就是他在圣迭戈的死敌。

谢伊不知为什么有点紧张。他深吸了一口气，调整了一下状态。

“我是谢伊。”

“你好，谢伊！我是利亚姆。”

谢伊立刻明白这不是玩笑。不知为什么，他就是对利亚姆喜欢不起来，甚至不喜欢这个男人的声音，觉得很做作。尽管可能是受了英国口音的影响。不过既来之则安之，谢伊决定至少表面上要表现得非常友好。

“你找我有什么事吗，利亚姆？”

“首先，我要向你道歉。去年夏天你升职，我也没有打电话祝贺你，我感到很抱歉。”谢伊根本不相信这个人的道歉是真诚的，但他也不想说破。“我完全理解，相信我，没人比我知道你有多忙。”

“我想也是。是这样，我打电话给你是因为灯塔伙伴的艾米告诉我，你找过她，想和他们合作。”谢伊有些难堪，想象着接下来利亚姆对他的嘲讽，因为他试图挖走他的咨询顾问，更不用说还可能涉及的商业机密问题了。他尽量装得若无其事。“是的，我主要是觉得他们了解我们的行业，如果他们不介意……”

利亚姆打断了他：“当然不介意，我认为这个完全没有问题。艾米是一位优秀的顾问，在与灯塔伙伴的合作中对我们帮助很大，你应该会喜欢和她一起工作的。”

谢伊有点吃惊，为了保持一点尊严，他回应道：“嗯，我们还会和其他咨询公司谈，目前，还没有最终决定和哪家合作。”

利亚姆没有退缩：“这么做很明智，事实上，在你聘请任何咨询顾问前，我认为你有必要先做一件事。”

谢伊振作了一下，准备好放低身段接受建议了。

“是什么事？”

“你应该问我，我们从灯塔伙伴那里学到了什么，看看这些对你们来说够不够。”

谢伊一时不知道如何回答，心想：我没听错吧？

还没等他想好说什么，利亚姆就继续说：“这样吧，下周四我要去旧金山开个会，然后在你们公司附近的我嫂子家过周末。我们周五见一面怎么样？”

“我得和……”

“我刚问了你的助理，丽塔。丽塔，对吧？”

“是的。”

“她说你周五有空，你们本来打算做一次行动复盘什么的，但被推迟了几个星期。”

谢伊突然感到被丽塔背叛了，被灯塔伙伴的顾问背叛了，被周围的人背叛了。他还没有准备好接受敌人显然很狡猾的提议，于是，赶紧推辞。

“别误会，利亚姆，”他停顿了一下，“不过，你不介意和你的竞争对手毫无保留地分享你的秘密吗？”

利亚姆笑了。

“竞争对手？我不认为我们是竞争对手。我的意思是，如果我们是的话，我当然不会希望灯塔伙伴跟你合作。但是，我们并不存在竞争关系，除非你有进入圣迭戈安保行业的计划，如果没有，我不认为我们会有任何冲突。”

谢伊拼命想找个理由拒绝。

利亚姆继续说：“我想说，我们共同的敌人是全美警报公司，更准确地说，我不希望看到他们在北加州再获得一个区域市场的稳固地位。”他停顿了一下，“除非你已经想出了对付他们的办法。”

谢伊既不想承认自己还没啥想法，也不愿错过利亚姆可能给他的任何建议：“的确，这方面我们还有很多工作要做。”

“好吧，”利亚姆热情地说，“这方面我是可以帮助你们的，我相信你也会给我一些建议。”

谢伊假装谦虚地回应：“嗯，我不知道自己能有啥好建议。”他觉得自己想不出什么好理由来拒绝利亚姆的提议，于是答应了。

“那好吧，我们周五什么时候见面？”

挂了电话，谢伊决定接下来的几天，无论如何要想出一个好的理由在周五出趟差。

无从防备

忙完一天，晚上休息时，想起周五的约会，谢伊意识到自己的处境很尴尬。倒不是因为他不够聪明，找不出一个合情合理的借口推掉它。他有很多小企业客户，只要事先通知，他完全可以安排与他们的会面，然后推掉周五的约会，所以这不是问题所在。谢伊的尴尬在于，他不得不在两个都有损颜面的结果中做出选择。

一方面，被一个他不喜欢的人说教，他觉得很没面子，取消见面可以让他避免这事发生。但另一方面，取消见面可能会错过听取一家更成功的公司的领导给出好建议的机会，这可能会使他拱手让给全美警报公司更多的市场份额，在董事会面前他会很难交差，重要的是，这可能会导致他最终下课。再三思量后，谢伊觉得失去工作比承认自己不如利亚姆更糟糕，于是决定与他的对手见面，了解一下可以做些什么来应对他们共同的竞争对手。

当他在周五早上醒来时，躺在床上，眼睛盯着天花板，思量着自己的决定是否正确。

谢伊转身朝向刚睡醒的妻子丹妮，问了个奇怪的问题。

“有没有什么重要的事情需要我马上去做？这样我就不用去上班了。”

丹妮笑了，说：“你今天一定有很多会议吧。”

“我倒是希望如此。”谢伊回答，他不知道是否应该向妻子承认自己的小气。

“有什么问题吗？”

“哦，我只是觉得自己有点傻。我今天不得不花很多时间和一个我并不是很喜欢的人在一起。”

“布兰登？”她问道。

“不是。”

“玛丽莎？”

谢伊从床上爬了起来。

“不，不是公司的人。”

丹妮有点迷惑了："那是谁？"

"你不认识。"他边回答边消失在浴室里。

"什么叫'你不认识'？到底是谁？"

"是一个叫利亚姆·奥尔科特的人。"

"你是说那个你非常讨厌的来自圣迭戈的CEO吗？"丹妮喊道，这样她的丈夫在隔壁就能听到她的声音。

谢伊回到卧室，说："我在你面前说过他很多坏话吗？"

"你没搞错吧？你说得还少吗？'利亚姆·奥尔科特是个自大的混蛋，利亚姆·奥尔科特认为自己是上帝赐予的商业天才，利亚姆·奥尔科特假腔假调的。'还有……"

谢伊打断了妻子的话："好吧，我明白了，看来，我确实说了不少。"

丹妮起身开始整理床铺："那你为什么要见他？"

"我也不知道，很奇怪，他主动提出要帮助我。"

"他有没有提出帮你铺床？"

"什么？"谢伊没听明白。

她指了指他那边的床。

“哦，对不起。”他开始叠被子。

“那这次见面是为了什么呢？”她继续问道。

谢伊不想把整个事情都告诉她。“他想帮助我搞清楚如何更好地一起与全美警报公司竞争。”

“这是件好事啊，对吧？”

“如果是别人……”他话没说完。

“嗯，我想你需要深吸一口气，鼓足勇气，承认他可能知道一些你不知道的事情。”丹妮停顿了一下，见他正在接受自己的建议，吸着气。“如果他真是一个自大的人，那就感谢他付出的时间，你就是一个比他更强大的人。”

“你要知道，”谢伊停止叠被子，“我可不记得问过你的意见。”他笑着说。

丹妮朝他扔了一个枕头，模仿着英国口音回应：“我很抱歉，我是不是有点太自大了？”

来　访

谢伊在去往办公室的路上，想象着利亚姆已经坐在桌子后面，脚翘在桌子上面，抽着雪茄，趾高气昂地对他说：“来吧，小伙子，让我来告诉你怎么做生意。”

当然，这不是真的。但是，利亚姆确实已经在办公大楼的大堂里坐着等他了。

“早上好，谢伊！”利亚姆一边大声打着招呼，一边站了起来，他的热情程度超出了谢伊的想象。

谢伊要打起十二分精神，才能拿出同样的热情回应：“太高兴了，终于见到你了，利亚姆，非常感谢你来看我。”

“嘿，这可是个避免和我的亲戚们在一起待太久的机会。”

谢伊像在演戏似的，假装笑了笑。

两人继续聊着天，朝谢伊的办公室走去，路过餐厅时还顺便买了杯咖啡。

进了CEO的办公室，只见这里布置考究，从这里可以看到旅游胜地阿尔卡特拉斯岛的景色。

他们在沙发上坐下，谢伊说道："那么，我们应该从哪里开始呢？"

利亚姆似乎早就准备好了，回答道："这样吧，你先告诉我你打电话给灯塔伙伴公司顾问的原因。你期望从他们那里得到什么？"

这问题让谢伊又感到一阵不自在，他想知道这是不是一种指责。

利亚姆似乎看穿了他的心思。

"哦，我不是在质疑你的意图，谢伊，非常抱歉。"他举起双手表示歉意，"我只是想知道是什么原因促使你去寻求帮助。"

这解释让谢伊松了一口气，他琢磨着，利亚姆似乎没有他想象的那么自大。他决定要放开一点。

"嗯，我觉得我们只是想尽力干好。"谢伊回应道，他心里感觉似乎并没那么糟糕。

利亚姆在随身携带的笔记本上记了几个字，然后回应说："主要是针对全美警报公司吗？"

谢伊不假思索地承认："嗯，当然，那是一部分原因，但我认为还有别的，只是我也还没完全想明白。"

利亚姆抬起头，脸上带着灿烂的笑容，但他说的话在谢伊看来不是傲慢就是无礼："哦，这将会很有趣。"

在那一刻，谢伊觉得他可能是在自讨没趣。

投　降

利亚姆注意到谢伊脸上表情的变化，他似乎有些担心。

“哦，我希望我没有冒犯你。”

“没有，一点儿也没有。”谢伊说谎了。

“我妻子说，当我兴奋的时候，我表现得就像个呆子，而且是带着傲慢腔调的呆子。”他笑着解释道：“我只是喜欢这种表达方式，我很少有机会和其他CEO一起闲聊，我不确定这么坦率是否会让你觉得舒服。”

“没人有时间闲聊。”谢伊有点挖苦的意思。

两人都笑了。谢伊发现他很难继续讨厌利亚姆，也就在此刻，他意识到自己正在失去对谈话的控制。

“那么，你们的业务情况和关键指标怎么样？”利亚姆问道。

利亚姆直接要求提供真实的数据信息，这让谢伊感到有点震惊。利亚姆注意到这位新朋友的沉默，于是向他保证说："如果你想让我签署保密协议，我很乐意。"

谢伊挥挥手，意思是说别傻了。

"很好，"利亚姆大声说，"如果我们想要互相帮助，就必须在这些方面坦诚相待。"

在接下来的半小时里，利亚姆介绍了他进行财务运作的基本原则，谢伊提出的反驳意见大多数属于常规性的问题，双方也分享了各自一些真实的数据。

这两家公司的业务很相似，但在经营业绩方面，德尔玛似乎领先了一光年。谢伊尽力掩饰自己对两家公司业绩差异的惊讶，他希望利亚姆没有注意到这一点。

遗憾的是，利亚姆还是发现了，他一脸关切地问："我的朋友，你怎么了？"

虽然表面看着很平静，但谢伊内心却在拼命地为自己的劣势寻找一个让人信服的借口："嗯，湾区的市场和南部的市场有点不同。"

利亚姆似乎并不认同。于是谢伊解释说："湾区的工资高，地方税费重，生活成本也高。"

利亚姆听着，尽可能同情地点点头。他略微皱了一下眉，终于吸了口气回应道："请不要误会，谢伊，你说的这些只是导致我们两家公司业绩差异的一小部分因素。"谢伊既没有表示反对，也没有表示同意，什么都没有。

利亚姆小心翼翼地继续说道："我的意思是，是不是我听错了，否则的话，你们的员工数量比我们多，收入却比我们少，你们的客户和员工的流失率都比我们高很多，你们在营销上的花费也比我们多。"他停顿了一下，"我是不是漏掉了什么？"

谢伊耸了耸肩，想说："好吧，至少我们公司不是由一个自命不凡的混蛋在经营。"

当然，他没有这么说，但他想这么说，即使他知道这并不恰当。

"我不想骗你，"谢伊坦白道，"对我来说不太容易听到这些。"

两位CEO尴尬地沉默了5秒钟。

终于，谢伊鼓足勇气问了这个问题：“那么，你认为这里有什么根本性的……”他停顿了一下，想搜寻一个合适的词，“毛病吗？如果有，我想知道是什么。”

利亚姆耸了耸肩：“我不知道，但我很乐意帮你弄清楚。”

见谢伊不知道该说什么，于是利亚姆继续说：“好吧，我还是先告诉你，我从艾米和灯塔伙伴的其他顾问那里学到了什么吧。”

谢伊深吸了一口气，心里默默地鼓起勇气，做好了接受教育的准备。

卸下心防

利亚姆走到谢伊办公室的白板前，拿起一支黑色白板笔，大声说道："艾米和灯塔伙伴其他顾问所关注的一切都是从我开始的。"他在白板上写了个大写的CEO。

他像个大学教授一样转向谢伊："但他们重新定义了首字母缩略词，把它从传统的CEO就是'首席执行官'（Chief Executive Officer）改为'首席去执行的官'（Chief Executing Officer）。"他把这两个定义写在了CEO这三个字母的旁边。

利亚姆没有看到谢伊在背后翻白眼，不过他也不在意。

"我知道你在想什么，"利亚姆解释道："这听起来没什么价值，没啥大不了的，不就是改了一个词。"

谢伊似乎松了口气，原来利亚姆也有和他一样的怀疑呀。

"但后来我意识到，从语法的角度来看，这其实是一个重要的改变。”他回头看这白板上的字，“之前CEO中的执行（Executive）是名词。而修改后CEO中的‘执行（Executing）’是一个动名词。”

“严格来讲，它是一个分词，”谢伊有点不好意思地解释道，“我的专业是英语。”

“好啦，”利亚姆取笑他说：“我在英格兰长大，如果让一个该死的美国人来教训我的英语，我会被诅咒的。”

这一次，他们真诚地笑了。

利亚姆继续说：“关键在于，修改后最大的不同就是，领导者是亲身参与执行，而不仅仅作为一名执行管理者。”

“你的确在使用它的动名词方式。”谢伊声明道。

“随便吧。”利亚姆笑道。

“不过我真的希望这不仅仅只是换个词的用法。”谢伊嘟囔道。

利亚姆惊喜道：“我就是这么问他们的！”

利亚姆坐下继续说：“他们是这样向我解释的。如果你对100位CEO进行调查，问他们：日常最重要的活动是什么？他们实际做的事情是什么？你会得到大约35个截然不同的答案。”

谢伊耸了耸肩：“嗯，每个人都有不同的能力和兴趣，这说得通，对吧?”

利亚姆突然回应道：“不，这完全没有道理。”

谢伊稍微皱了皱眉头，似乎不太同意。

“当然，”利亚姆澄清道，“我认为CEO们这样做是有道理的。但就他们公司的需求而言，这毫无意义。”

“我不确定自己是否同意，但请继续。”

“好吧，就从你开始吧，你所做的工作中最重要的部分是什么?”

谢伊没有回答，他以为利亚姆是在自问自答地举例子。

“我其实是在问你自己的真实情况呢。”利亚姆说道。

“哦，不好意思。”谢伊调整了一下语气：“我做了很多事，一下子说不清。我想我可以让丽塔看看我的日程表。”

利亚姆耐心地点了点头："实际上，我并不是要你对你的时间进行量化管理，我更好奇的是你认为你真正做了些什么来帮助公司？你如何看待你的工作？用动词、分词或任何你想叫它们什么的方式表达都行。"

谢伊深吸了一口气："好吧，让我想想。"他考虑了一会儿："我最重要的活动是与财务部门一起审查我们的财务数据，与销售和市场营销部门一起深入探讨销售计划，并参与市场活动。"

利亚姆走到白板前，记下了谢伊的话。

"在成为CEO之前，我担任了4年的市场营销主管，所以市场营销是我工作中非常重要的一部分，正如你所知道的，市场营销在我们的行业中是至关重要的，而全美警报公司在广告上的投入是我们总费用的五倍，因此我们必须比他们更聪明才行。"

"明白，"利亚姆点点头，"还有吗？"

谢伊望着窗外，仿佛他可以在旧金山湾找到答案："我认为与公司的董事会打好交道非常重要。如果我不能让投资人满意，情况可能会非常糟糕。"

“好吧。”他把这句话加到白板上。

谢伊最后说道：“我想，还有很多事情需要我去做，才能使公司保持运转，包括经营管理，处理员工问题和办公室政治。”

利亚姆抓住了这一点，并写到白板上。

“我认为这些都是相当重要的事情，”谢伊突然想到，“哦，我还会见我们的小型企业客户和有多套住宅的个人客户，这是一个利润极其丰厚的市场，我需要确保我们在这一领域的业务增长。”

这是在白板上记下的最后一条，现在，白板上显示了如下内容：

审查财务数据

推动市场和销售计划

获得董事会的支持

经营管理

与关键客户互动

“现在我还有两个问题，它们很重要。”利亚姆大声说道。

谢伊在椅子上挪动着身子，好像在做准备似的。他不得不承认，他几乎是在享受这一切。

“首先，把这5项活动按你喜欢做的程度来排序，1是最高的，5是最低的。然后，根据你认为它们的重要性进行排序。”利亚姆在一列写上“喜欢做”，在另一列写上“重要性”，然后把黑色白板笔递给谢伊。

“你难道不想知道我在这些方面花了多少时间吗？”

“不用，如果有必要的话，我们可以以后再谈。让我们先关注喜欢程度和重要性。”

谢伊走到白板前，感觉自己有点像一个五年级的小学生在解一道数学题。大约一分钟，他写完了。

	喜欢做	重要性
审查财务数据	5	3
推动市场和销售计划	1	2
获得董事会的支持	3	5
经营管理	4	4
与关键客户互动	2	1

谢伊坐了下来，和利亚姆一起研究白板上的信息。

过了一会儿，谢伊问了一个问题："你在想什么？"

还没等利亚姆回答，谢伊又问了一个问题："你的清单也是这样的吗？"

利亚姆看了看白板，直截了当地回答："不是。"

谢伊皱起了眉头，显然很困惑，利亚姆随即解释道："我的清单只包含了你这里面的一条，但这不是问题的关键。"

谢伊似乎在根据利亚姆的话重新审视这张清单，试图猜测他的意思。

利亚姆继续说："不过，就我喜欢做的事情而言，我想说，我们的结果非常相似……"

谢伊松了一口气。

"……不过那是在三四年前了。但今天，就大不相同了。我估计这就是问题的一部分。"

谢伊蹙着眉头，有点想早点结束谈话。庆幸的是，他的好奇心勉强超过了他对羞辱或失败的恐惧。

剥开真相

谢伊决定尽可能直接一点："好吧，那你的清单是什么样的？"

利亚姆走到白板前，除了经营管理，他把其他条目都划掉了。

	喜欢做	重要性
~~审查财务数据~~	5	3
~~推动市场和销售计划~~	1	2
~~获得董事会的支持~~	3	5
经营管理	4	4
~~与关键客户互动~~	2	1

"噢，不是吧！"谢伊反映强烈："你是在告诉我，你不管任何有关销售、市场或财务的事情？"

利亚姆盯着白板，思考着谢伊提出的问题，好像答案就写在白板上一样。"嗯，如果你问的是，我是否和我的团队讨论这些事情，答案很肯定，‘是的’，我当然要做这些事。”

接着，他又转过身来，看着谢伊。

“在会议中，这些事我都会处理，但会议之外，只有当我的某位高管遇到困难，有纠结，需要一些帮助或建议的时候，我才会直接参与这些事情。”利亚姆说。

谢伊抓住机会反击道：“好吧，你可以把做这些事叫作帮助或建议，随便你怎么去定义，但你总得直接参与销售规划和财务审查方面的事情，对吧？”

“我认为我们谈论的不是同一件事。”利亚姆回答道。

谢伊看着利亚姆，仔细地打量着他，似乎在选择一个好的策略以指出他的错误。“所以你的意思是，你不会直接参与推动市场计划，除非出现问题，或者当你负责市场的那位，先生或女士……”

利亚姆打断了他的话：“女士。”

“哦，当你负责市场的女士遇到困难，需要你帮助的时候。”

利亚姆点点头：“没错。”

谢伊显然没有被说服，但他也没有立即发表意见。最后，他还是决定为自己做一下解释：“我一直都有参与公司的市场营销工作，可能是因为我曾经担任过市场营销的负责人，对这块业务很熟悉，经验比较多，我手下没有人能超过我。”

利亚姆点了点头，不置可否：“好吧，那财务方面呢？”

“嗯，我差不多每天都会找我的CFO，我想知道我们业绩的完成情况，我们的收入有多少，我们的现金流情况怎样，诸如此类。”谢伊感觉自己像在接受审判一样，于是为自己进行了辩解道：“我认为董事会是希望我清楚公司的财务状况的。”

利亚姆再次礼貌性地点了点头：“是的。”

谢伊看了看白板上的表格，决定转守为攻：“这么说，你没有花时间管理你们公司的董事会？”

利亚姆摇了摇头：“也不是，我一般每季度和他们见一次面，平时，如果他们需要和我沟通，随时可以给我打电话。但这种情况很少，大概就是这样。”

谢伊有点不想客套了："我很难相信。"

利亚姆也没有退让："我相信你会很难接受，但这就是事实。我接手公司时，就告诉公司的董事会，除非发生重大灾难性事件，平时他们参与公司的管理方式仅限于参加我们的季度会议，这是我接受这份工作的条件之一。一开始他们不太喜欢这样，但现在我想他们应该放心了。"利亚姆的回答丝毫没有炫耀的意思。

谢伊赶紧调整了一下态度，缓和气氛："不要误会，利亚姆，我真的很感谢你来这里，还有你为我所做的一切。但我不可能只是坐在这里听你说，然后毫不怀疑地接受。"

利亚姆笑了，很亲切："如果你没有质疑，你就是个傻瓜，有质疑才是你最终认同这些观点的唯一途径。"

这让谢伊稍稍缓和了一下自己的抵触情绪，他试图总结一下自己感到怀疑的部分："好吧，所以，你是在告诉我，你几乎把所有的时间都花在领导和管理你的团队上了？"

利亚姆想了想，似乎想确定一下："是的。"他说着，并用力地点了点头。

谢伊笑了，他似乎正在努力掩饰自己既不太相信，又不得不屈尊俯就的复杂情绪。利亚姆看来对此一点也不介意。

“也许我们只是做事的方式不同罢了。”谢伊让步了。

“也许吧，”利亚姆不太接受这个解释，“想让我接受你的说法，你得让我相信你的方式对你的公司有用，你愿意让我挑战一下你吗？”

“当然了，”谢伊有点不情愿，“不过在开始之前，我们能不能先休息15分钟？我要打个电话。”

“当然，”利亚姆笑了，“不过，请先告诉我洗手间在哪儿。”

继　续

15分钟后，当利亚姆回来时，谢伊刚刚结束通话。

利亚姆注意到，他在通话过程中记了整整一页的笔记，并且特意把记了笔记的本子收进抽屉里，然后拿起一个新的记事本，回到沙发上。

“开始吧，我们刚才说到哪儿了？”

“嗯，我正想问你一些关于你如何工作的问题。”利亚姆提醒到，他有点失望，因为谢伊不记得他的问题了。

“哦，对的，那就开始吧。”

利亚姆发现谢伊有些变化，不知怎么地，他比15分钟前要开心，仿佛变得自信了。他没有多想，继续下去。

“现在，让我们来深入探讨一下你认为我花了太多时间去做的领导和管理工作吧。跟我说说你们的会议好吗？”

“会议有什么好说的？”谢伊现在完全放下了抵触。

“会议开得都有效吗？你喜欢开会吗？开会时，你的角色是什么？请把这些情况都告诉我。”

谢伊耸耸肩：“嗯，我一点儿也不喜欢开会。我的意思是，谁会喜欢开会呢？”

利亚姆没有任何评判的意思，继续问道：“你最不喜欢会议的什么部分？”

“从哪里开始说好呢？会议时间太长了，会议总是令人沮丧，开会通常让人觉得很无聊……这还用说吗？”

“可以了，你做好准备，听清楚我要说的话，”利亚姆停顿了一下，“我其实很喜欢开会。”

谢伊翻着白眼：“继续吹吧，伙计。”

他们不约而同地笑了。

“我是认真的，”利亚姆坦诚地说，“真的，这是我工作中最喜欢的部分。”

他看谢伊似乎不以为然，于是接着说：“我喜不喜欢开会不是重点，事实上，领导和管理好我的会议是我做的最重要的事情之一。”

这次，谢伊没有笑，也没有翻白眼，他只是皱起了眉头，似乎在考虑是把利亚姆当成疯子一样不予理睬，还是给他一个机会去解释。

他做了第三种选择。他对利亚姆解释道：

“听着，利亚姆，我的原则是尽可能少参加会议。当然，我不能所有会议都不去，有些会议非常重要，但大多数会议都很糟糕，我不能浪费我的时间。”

利亚姆并没有马上插话，谢伊说了一段最能说明问题的话：“况且，我已经花了半辈子的时间去开会，因为我被要求，不得不去。如果现在我都是CEO了还继续这样做，那我就是犯傻，因为我已经没有必要这样做了，已经没有人可以要求我。”

利亚姆在他的笔记本上写了些东西，然后继续说：“好吧，我们换个话题，”他面无表情，“我们稍后再讨论这个问题。”

谢伊脸上的表情清楚地写着，这一回合我赢了！他觉得利亚姆正在退缩。事实上，他根本没有后退。

深 入

利亚姆换了个话题："让我们来谈谈管理吧。"

谢伊提议说："在开始下一个话题之前，我们能离开我的办公室一会儿吗？我有点幽闭恐惧症。"没等回答，他就继续说道："来吧，我先带你快速参观一下我们的办公楼，然后再找个地方，我们慢慢谈。"

利亚姆同意了，他们起身朝门口走去。

在接下来的15分钟里，这两位CEO在金门安保公司的办公楼里来回溜达，甚至还在应急中心短暂停留，谢伊的下属正在那里与法务部门开会。

整个办公大楼装修得很专业，也很时尚，但利亚姆发现，这里的气氛有些沉闷。大多数人默默坐在办公桌前工作，没有什么噪声，员工之间几乎很少有自然随意的互动交流。

谢伊向利亚姆介绍了他的几个直接下属。见到自己的上司，他们中没有人显得特别兴奋，但看上去也都很友好。谢伊似乎特别希望利亚姆见见公司的CFO，把与她的会面安排在参观的最后一站。

杰基·洛雷罗是一个衣着光鲜的财务行家，是谢伊手下最有能力的高管，也是他信任的为数不多的几个人之一，她负责直接与为公司提供资金的私募集团沟通。

很显然，杰基如果不是认识利亚姆就是早就知道他要来，因为刚握了握手，她就大声说："是什么风让我们最大的竞争对手来湾区参观啊？"

利亚姆笑了笑说："你认为我们是竞争对手？我可不这么认为，除非有人告诉我你们有在南加州开拓市场的计划。"

"我是说我们是竞争者，"杰基反应很灵敏，也很自信，"竞争对手和竞争者是不同的。"

谢伊抢过话说："应该说，我们是潜在的合伙人。"

杰基含蓄地笑了，好像在暗示谢伊开了个他俩才懂的玩笑。利亚姆一笑了之。

"刚好，利亚姆正在问我是怎么做管理的，"谢伊说道，“我想听听你认为我是怎么做管理的？”

杰基回答说：“放手，等事情很糟糕了再插手去处理，我会这么说。”她看着谢伊笑着说。

利亚姆注意到谢伊不太喜欢杰基对他的这种描述。

为了减少此刻的尴尬，他赶紧向杰基提了一个问题：“谢伊是个一对一的教练型领导还是那种团队型的领导？”

“两种都是，”杰基幽默地回答道，“他喜欢让我们在一个房间里开管理会议，然后他会围着会议桌转，让我们每个人轮流向他汇报我们各自负责领域的工作情况，我觉得这有点乏味，但也可能是因为我只关注财务的问题吧。”

“那么，你认为你是唯一一个觉得乏味的人吗？”利亚姆问。

还没等杰基回答，谢伊就打断了：“见鬼，我都觉得很乏味！”

他们哈哈大笑。

谢伊接着说：“我猜其他人也和我们一样觉得乏味吧。”

杰基完全同意：“并不是说我们不明白会议的重要性，

但我们实在不喜欢这种消磨两个小时的方式。”

“你们多久开一次管理会议？”利亚姆想知道。

“每周一次例会，”谢伊解释道，“周一早上九点到十一点，风雨无阻。”

“除非我们在出差，或者和客户在一起，或者有一些更重要的事情要做，”杰基纠正她的老板说，“这样，我们就可以逃脱开会了，这可是我们总在周一安排财务分析会议的重要原因之一。”她笑着说，但似乎对自己说的话并不当真。

谢伊试图转移话题：“就像我之前说过的，比起开会，我喜欢更实际的工作，因此，我们尽量减少在会议上所花的时间。”

杰基也支持这个说法：“我得说，我们在这里工作是很讲原则的，如果你不能证明你所做的事情是有助于增加收入或带来客户的，那么你的工作就是错误的。”她看了看手表，“不好意思，我得给一个私募投资人回个电话，所以，我得回去工作了。”

利亚姆和谢伊向杰基表达感谢后，离开了她的办公室。

午餐畅谈

午餐时间快到了，谢伊想在公司外面和利亚姆继续聊，所以他带着利亚姆去了玛利亚餐厅吃午饭。这是家墨西哥餐厅，就在附近一个叫圣巴布罗的小镇上。因为午餐时间尚早，此刻，餐厅里还没有其他顾客。

在点餐之前，利亚姆继续提问："和你的其他管理人员相比，你如何评价杰基？"

谢伊顿了一下，这个问题让他有点吃惊："嗯，她知道自己在做什么，她是我的管理团队中最有能力的一位高管了。"

"她与人沟通的能力还有与人沟通的态度如何呢？"

谢伊似乎一下子明白了利亚姆的意思："噢，如果你是问这个的话，杰基在这方面确实有点问题。"

"什么问题呢？"

“她与人沟通的方式有问题，容易激怒别人，我们团队中一半的人都快被她弄疯了。”

“真的？”

“嗯，是的。她说话毫不客气，在财务决策上不相信其他任何人，对他们提出的预算总是有诸多质疑。”谢伊说这些话的时候，既没看出有什么不高兴，也没觉得有啥烦恼。

“那在与她的沟通中，你自己是什么感觉呢？”

“没什么特别的感觉。”谢伊耸耸肩，“当然，我也希望她能更圆滑一些，我已经听够了大家对她的抱怨。”

“关于这些，你跟她谈过吗？”利亚姆尽最大努力避免去评判，或者令人感到高高在上。

谢伊深深地叹了一口气：“是的，我跟她提过，她自己是知道的。”

“她知道她的行为对其他高管有什么影响吗？”

“是的，”谢伊的回答显得没有底气，“这很明显，对吧？”

“我猜这些影响对她来说并不那么明显。”

谢伊皱起了眉头，想着该如何回答：“这很正常，利亚姆，我们每个人都有自己的问题，杰基说话太直接了，卡尔不会拒绝别人，玛格丽特从不认为自己有错，每个人都有自己的缺点。”

“是的，我的高管团队成员也是这样，没有人是完美的。”

谢伊很高兴他的观点能获得利亚姆的赞同。

但是，利亚姆马上就终结了他的这个想法：“所以，我的工作就是帮助他们变得更好。”

瞬间，谢伊拉下脸来，连样子也不装了。利亚姆想，这下他恐怕不会再用外交性的礼节对待自己了。正在这时，服务员过来点餐了。

等服务员点好餐离开后，谢伊已经收敛了刚才的锋芒，但是，他对利亚姆说的话还是不太能接受。

“可是，利亚姆，我雇用的是成年人，这些人不需要我去照顾，他们中的大多数都有超过10年的管理经验，这也是我会选择他们的原因之一。如果我不得不一直指导他们，让他们改变行为方式，那么一开始我就不应该雇用他们。”

利亚姆皱起了眉头：“是这样吗？”

“那你觉得是什么？”

“你是不是雇错人了？”

“你这是什么意思？”

“我是指你说的杰基、卡尔和玛丽……”

谢伊纠正他：“玛格丽特。”

“对，玛格丽特，你说他们有问题，那你为什么不开除他们？”

“我没说他们很差，我只是说他们有问题，但是，总的来说，他们是称职的。”

“所以，你认为，他们的问题不会影响他们的工作表现？”

这句话让谢伊感到有点沮丧：“也不能这么说，每个人本身的确都是有问题的。”

服务员端来水、薯条和番茄酱的时候，利亚姆借机思考了一会儿接下来该说什么。

“谢伊，在我们继续探讨之前，我想提醒你一下，我为什么来这里？”利亚姆说道：“我来不是要给你讲道理，而是为了帮助你理解我从灯塔伙伴那里学到了什么。但如果我对你太过强势的话……”

谢伊打断了他的话，安慰他说：“没有，你没有，是我很抱歉！我需要你这样对我，我很感激，请继续。”

“那好吧。”利亚姆松了一口气。

谢伊觉得有必要解释一下：“可能我手上有太多事情要做，我觉得比起让卡尔学会坚持自己的观点，我还有很多更重要的事情要去做。”

“嗯，如果你认为他不坚持自己的的观点不会影响他的工作表现，那么你可能不需要去帮他。”利亚姆无法完全隐藏他那自命不凡的语气。

“我并没有说这个问题不会影响他的工作表现，只是我不能把所有的时间都花在给他们当保姆上。”

利亚姆深深叹了口气：“好吧，谢伊，接下来我会更直接些，记住，你刚才说你希望我这样的。”

谢伊沉默应对，表示并不反对。

利亚姆继续：“帮助他们改善行为，这不是当保姆，这是管理，是你的工作。”

如果利亚姆在发表观点前没有提前打预防针，谢伊可能会发飙。事实是，他冷静地回击了：“也许我们只是管理风格不同。也许你觉得这么做很自然，很简单，或者你本来就喜欢辅导别人，不注重业务的细节，但是……”

利亚姆打断了他，脸上混杂着既震惊又挫败的表情：“简单？自然？你在开玩笑吗？”

谢伊被他突如其来的情绪变化惊呆了，不知该如何应对。

“你可能不知道我的经历。”利亚姆说道。这是用陈述的方式提的一个问题。

谢伊摇了摇头。

利亚姆笑了：“很好，你会感兴趣的。”

利亚姆旧事

利亚姆喝了一大口水，然后开始说话。

“嗯，谢伊，我有一个好消息和一个坏消息。”还没等谢伊选择从哪一个开始，他就继续说道：“好消息是，听了我的故事后，你不会觉得我高高在上了。”他停顿了一下，“坏消息是，你无法说服我，刚才所说的那些只是因为我们管理的风格不同。”

“好吧。”谢伊说，不知道接下来会发生什么。

“9年前，我担任伦敦一家公司的CEO，公司在英国的中南部地区称得上一家成功的家庭技术服务提供商。我们的服务范围很广，做了从家庭音视频到无线技术的所有事情，甚至还提供一些安保系统服务。”

他停下来想和谢伊确认一下：“你确定以前没听说过这家公司吗？”

谢伊摇了摇头，嘴里塞满了薯条。

利亚姆继续说："想想10年前这个行业所发生的事，那时候，市场发展得非常快，我们公司的规模也是爆发性地增长，我接手公司的时候，我们的年营业收入是1200万美元，而一年前只有300万美元了。"

"哦？！"谢伊边吃边看了利亚姆一眼。

"我们公司的名字叫达穆斯，在拉丁语中是'房屋'的意思。不管怎样，我们当时是这个行业当之无愧的领军者，我们的技术水平、品牌认知度和人才储备比任何竞争对手都要好。仅次于我们公司的巴布解决方案公司，其规模还不到我们的三分之一，在各方面都落后于我们，但是，他们有一个地方比我们强。"

这一下谢伊的注意力被吸引住了。为了增加他要说的话的冲击力，利亚姆决定暂停一下。他拿起一根薯条蘸了蘸番茄酱放到嘴里，直到咽下去后才说："他们的CEO比我强多了。"

谢伊似乎对利亚姆的坦白感到惊讶。

"没错，"利亚姆解释道，"布兰登·奎恩，爱尔兰人，没我聪明，比我年轻，经验不多，尤其是在我们这个行业的经验。我并不是自大，在销售技巧、财务管理、技术能力和战略眼光上，他都比不上我，这个可怜的家伙身上什么优势都没有，我都为他感到难过。”

“那么，发生了什么事让你觉得他比你强呢？”

“好吧，长话短说，尽管按我妻子的说法，我不是很擅长长话短说。在我当CEO的那该死的两年半时间里，布兰登·奎恩带领着巴布解决方案公司撬走了我们一半的客户，三分之一的最好的技术人员。在我搞清楚发生了什么之前，我就被解雇了。”

谢伊感到吃惊，好奇地问：“他是怎么做到的？”

“嗯，当时我还不知道，但是4年前，在与灯塔伙伴合作后，我终于弄明白了。”

“明白了什么？”

利亚姆深深地吸了一口气：“明白了什么？我的朋友，这就是我到这里来要教你的。”

开诚布公

“好吧，那就请告诉我吧！”谢伊有点急不可耐。

“好的，不过，你要是再对我翻一次白眼，我就把这些番茄酱倒在你头上。”

谢伊笑了。

利亚姆没有笑。“我是认真的，”他说，然后又微笑地补充道，“哦，倒番茄酱只是开个玩笑，但我的确有点烦你的冷嘲热讽，我是来帮你的，伙计。”

谢伊点点头，听到这位平时和蔼可亲的英国人竟如此直接地抱怨，他很惊讶。“我明白，”谢伊表示知悉，“但我还是不太明白你为什么要为我做这些，这对你有什么好处？”

利亚姆笑了：“当你经历了我所经历的一切，看到自己的行为给他人所造成的伤害时，你不会希望别人也像自己这样。”

谢伊点点头，算是接受了一部分解释。

利亚姆继续说道：“就像我之前说的，我们不是竞争对手。如果我能帮助你在这个区域挫败全美警报，那对我们两个都有好处。”

谢伊似乎想掩饰什么：“好吧，说说你从灯塔伙伴学到了什么？”

利亚姆喝了口水：“我学到的是，我应该做公司里最痛苦的工作。”

谢伊彻底懵了。

利亚姆正想解释，服务员就端来了他们的食物，一边摆放，一边提醒他们盘子很烫。谢伊完全沉浸在利亚姆说的话中，根本没注意到服务员说啥。盘子刚放下，谢伊就迅速伸出手，把盘子移动了一下。

“哎哟！好烫！”

服务员试图向他解释，她刚提醒过他们。

利亚姆宽慰道：“没事，是我们自己没注意，没关系的。”

她还是有点不好意思，离开了桌子。

谢伊很快就恢复了：“所以，你刚才说你应该做公司里最糟糕的工作。”

利亚姆纠正道：“我说的是最痛苦的工作。”

“随便吧，”谢伊说，“几分钟前，你还在说你有多喜欢开会什么的。”

“我学会了喜欢开会。”利亚姆嘴里塞满了辣肉玉米卷，几乎听不到他在说什么。

“什么？”谢伊不解地问道，“你能解释一下吗？”

沉默了几秒钟，利亚姆咽下嘴里的东西：“说实话，我喜欢我现在的工作，但如果是在4年前，我是不会喜欢做现在的事的。事实上，我会尽我所能避免做现在做的这些事，”他停下来喝了一口水，“就像你现在一样。”

谢伊本想为自己辩护，但他对利亚姆的意思还不太理解。

“嗯嗯，继续。”他又吃了一口食物。

利亚姆继续说道："嗯，我本身是一个技术人员，从开始工作就一直在做技术，这也是我觉得做得很舒服的事情。在被解雇之前，我的时间都花在了技术工作上。我在想，如果我继续在英国干下去的话，我还是会把时间花在技术上。但现在我知道了，我不能这么做，当然，我也没机会这么做了。"

"为什么不能这么做？"

"因为我有一个首席信息官和一个首席技术官专门负责信息和技术方面的事情，我是CEO，我必须做CEO该做的事情。"

谢伊摇了摇头："这事没有这么绝对，我的意思是，你的确应该做CEO的工作，但你仍然可以掌管技术方面的事情，我猜，你可能比你聘用的技术负责人做得更好。"

利亚姆耸了耸肩："也许吧，但这不是重点。重点是，我可以把财务管理、市场营销、销售、技术和运营等所有这些工作授权给其他人负责，但我不能把该我做的CEO的工作授权给别人。"

"谁说要你授权CEO的活了？你说说，你要花多少时间来做CEO的事情？”

“所有时间，而且我觉得还不够。”

谢伊放下他的叉子：“你是在告诉我，除了管理你的团队和公司的日常管理，你没有任何时间参与其他业务方面的工作？”

利亚姆点点头：“没错。”

谢伊笑了：“利亚姆，也许我应该给你一些建议，但是，你到底在忙什么？”

“我们终于找到我来的原因了，”利亚姆苦笑着说，“这原因就是，德玛尔警报公司已经在踢你的屁股了，我想提醒你，不要重蹈我的覆辙。”

谢伊笑着说：“原来是这样，你是不是有些过于自信了？”

“嘿，你能保证你已经找到成为CEO的方法了？”利亚姆反讥道：“别忘了，我可没有打电话给咨询公司寻求建议。”

谢伊喝了点水，环顾四周空荡荡的餐厅，让自己冷静下来。他想起了妻子早上的建议，努力想给出一个不那么刺耳的回答。终于，他说了一句连他自己都觉得完全不符合他个性的话：“你说得对，我不应该这么轻率，你是来帮我的，而我却不够坦诚。”

利亚姆举起手表示歉意：“不，我不该那样说，是我太轻率无礼了，我只是……”

谢伊打断了他的话：“没关系，让我们回到你给我的建议上来吧，很明显，我比你更需要帮助。”

利亚姆对谢伊的亲切和谦逊着实感到有些惊讶，这些都是他在过去的几个小时里从未见过的。不过，他很快就会知道这只是谢伊的一个权宜之策。

干尽苦差事

“你知道那个电视节目吗？就是讲述一些整天都干着很多人都不想干的工作的家伙们的故事？”利亚姆问道。

“知道，这节目叫《干尽苦差事》，我的孩子们都喜欢看，我估计可能是因为节目里大概有一半的情节都和便便有关。”

利亚姆笑着说：“有可能。我也喜欢看，因为这个节目展示了一群热爱自己工作的人，即使他们做的是别人都不想做的事情。”

谢伊尽量控制自己不去讥讽他：“是的。但我不认为我的工作与类似铲鳄鱼粪或清理下水道的工作有任何关系。”

“相同点在于，都是你不想做的事。”

“好吧，好吧，我投降。”谢伊缓和了一下自己的语气，“你认为我的工作中哪一部分是我不喜欢做的？”

“首先就是开会，你不反对吧。”

“好吧，我承认我不喜欢开会，我认为这是在浪费时间，这个话题我们已经谈过了。”

利亚姆笑着说：“是的，我们是谈过了，但还没谈为什么大家不喜欢开会。”

谢伊往后靠了靠，想了一下：“我想我已经说过了不喜欢开会的原因。开会很无聊的，完全是在浪费时间。难道这些理由还不够吗？”

“如果我问杰基或你的其他高管同样的问题，他们可能也会说参加你的管理会议很无聊，很浪费时间，对吗？”

谢伊耸了耸肩，掩饰住自己的不满：“是的，他们可能会这么说。”

“那么，你要有些耐心听我说，为什么你们的会议既无聊又浪费时间呢？”

谢伊盯着餐厅另一端的玻璃窗，深吸了一口气，然后，把目光转到利亚姆身上，他想解释一下。

“我猜会议本来就是这样，让人不喜欢，我确实不知道自己是否真的喜欢过开会，”他停顿了一下，意识到自己的解释听起来有点苍白无力，“我的意思是，我不是说我们不需要开会。开会是了解公司运营情况的一种方式。但在我看来，我们的会议就是在单调乏味中消磨时间，只有走出会议室才是真正开始工作。”

利亚姆点点头，不想让谢伊再为自己辩护：“我明白，我以前也有同样的感觉。”

“真的吗？”

利亚姆笑了：“嗯，是的，你的话和我当初说的很像。”

“那是什么让你改变了呢？”

“嗯，之所以发生改变，首先是被灯塔伙伴的咨询顾问们说服了，他们让我坚信会议是CEO最重要的工作。糟糕的会议，无聊的会议，无效的会议都是我的错，这对公司的影响是致命的。在我真的相信这一点之前，任何开会的方法或工具都不会对改善会议起到作用。”

谢伊皱着眉头，假装接受了：“我明白了，伙计，你的意思是说，只要我接受这一观点，就不难让会议变得有趣和有效了。”

谢伊接着说道："也就是说，灯塔伙伴在如何开会的问题上帮助了你？"

利亚姆点点头："是的，不过这只是其中一件事。"

"除了开会，还有什么要做的事呢？"

利亚姆轻轻地笑了笑："你不会喜欢接下来我说的这件事的。"

人性的弱点

对于利亚姆的提醒，谢伊不以为然："难道比开会还糟糕？"

"是的，我想是的，"利亚姆笑着回答，"这件事需要花费更多的时间和精力。"

"哎哟，"谢伊回应道，"那还是赶紧告诉我吧。"

"是关于管理人的，从管理你的高管团队开始，确保他们能一起共同努力，不会陷入办公室政治和混乱之中。"

谢伊松了一口气，甚至有点兴奋："哦，你说的是团队建设吧。我们每年都有一个活动，大家放下工作，一起外出做些拓展和增进彼此了解的活动。"他似乎为自己在这方面的优秀表现而感到自豪。

"不，"利亚姆摇了摇头，"我说的是你对团队日常的管理，让他们诚实地对待彼此，遇到分歧能充分争论。当有人不专注于自己应该做的事情时，确保他们可以用自己的方式相互提醒。”

谢伊脱口而出：“我讨厌那些事，我不能允许这样的事发生。”

利亚姆不明白他到底是什么意思，但想往积极的方向理解：“那你是怎么做的呢？”

“我告诉大家，我不会容忍他们思想狭隘，搞帮派，像个孩子一样为人处事。”

“这样说了管用吗？如果我问杰基或卡尔，团队成员是否彼此坦诚相待，或者团队里是否存在办公室政治，他们会怎么说？”

“嗯，”谢伊突然有些气馁，“他们可能会说我们在这方面还要多多努力。”

“那你打算怎么处理？”

谢伊似乎卡住了：“我打算怎么处理？”

利亚姆笑了：“如果是我的话，我会直截了当地与他们谈话，会让他们感到有些不舒服。”

谢伊耷拉着肩膀：“我讨厌这样的谈话。”

一阵尴尬过后，两位CEO开始放声大笑，不过笑得很勉强。

“嗯，”利亚姆非常肯定地说，“事实上，也很少有人喜欢这样的对话。”

谢伊点头表示同意。

利亚姆继续说：“这就是为什么我之前说，你应该做公司里最痛苦的工作，”他停顿了一下，便于让谢伊理解，然后继续说道，“你看，如果作为CEO你不能直面团队成员的问题进行谈话，当然这可能会令人不快，那么你也不能指望你的高管团队成员会这样做。如果大家都这样就很麻烦了，因为这事必须得有人去做。”

“就像杰基一样。”谢伊道。

“是的，就像杰基一样，”利亚姆确认道，“包括其他任何需要去面对的人。”

谢伊突然感到来劲了，他从椅子上站起来，有点兴奋地问利亚姆：“那么，你是打算告诉我，你实际上喜欢这种困难的谈话？”

“嗯，”利亚姆尽可能谨慎措辞，“我不能完全说我喜欢，其实，每次我不得不这么做的时候，我的本意都是想逃避的。”

“我就不明白了，我们到底在这讨论什么问题？”谢伊想知道。

利亚姆想了一会儿，突然苦笑了一下，他想起了最近的一次经历，正好可以当作例子：“几周前，我不得不要求我的销售主管在开会时不要老是嗡嗡地说个没完。”

“嗡嗡地说个没完？”利亚姆点点头。

“哦，拜托！”谢伊抗议道，“这太荒谬了，我肯定他是在讨论工作上的事，比如说，错过最后期限惹恼了客户，结果，你却说他嗡嗡地说个没完？”

利亚姆耸耸肩，笑着说：“我知道，这听起来很奇怪，但他的行为让人抓狂，还分散了大家的注意力。”

谢伊只是笑了笑，但这次的笑有点批判的意思。

利亚姆没有让步：“在开会时，如果有人看手机，我也会指出来，我不得不告诉我的销售主管少说话，多提问题。甚至有好几次，我不得不批评我的高管，因为我认为他们没有花足够的时间管理好他们的团队成员。”他停顿了一下，“确实，按照他们的考核指标和达成情况，我也准备好随时找他们麻烦，但是这比指出他们行为上的问题要容易得多。”

“我想也是，指出行为上的问题比较困难，”谢伊承认道，“但是，这事有那么重要吗？”

利亚姆反驳道：“那么，如果这人是杰基呢？”

“怎么又扯上她？”

“如果你能让她遇事考虑得更周全一点，沟通能力更强一点，对你和你的团队会有什么价值？”

谢伊摇了摇头：“这我不知道，但如果她明年不想办法削减4%的开支，我可能不得不解雇她。”

利亚姆紧锁着眉头。

“不好意思，开个玩笑。我的意思是，如果她工作出色，我不在乎她是否有口臭，是否在开会时放屁，是否在午餐时进行歌唱表演。”

利亚姆也忍不住笑了：“但是你忽略了她的行为对其他人产生的影响，这将影响她让团队成员削减预算和做好工作的能力，这一点你一定要看到，谢伊。”

“也许吧，但我不会像对待一群中学生那样对待这些成年高管，大家的年龄都不小了，有足够的能力去应付别人的个性怪癖，不必小题大做。”

利亚姆只是坐着听，没出声。

看到利亚姆没有争辩，谢伊决定还是求同存异。

“难道问题的解决方法只有一种吗？也许，我们只是处理问题的方式不同而已。”

利亚姆冷冷地点了点头。

谢伊弯下腰，说道：“如果我能设法与战略合伙人一起达成一笔大买卖，或者我想办法以优惠价收购一家公司，又或者我凭借自己的销售和谈判技巧赢得了一个大客户，这些事情所产生的效果和价值，我想应该远远超过像杰基这样的人存在一些让人不适的小毛病所带来的影响吧。”

“好吧，”利亚姆轻声说道，“也许我们确实在用不同的方法解决问题吧。”

利亚姆决定暂时把争议放一放。两位CEO在接下来的半个小时里讨论了他们公司面临的挑战，如何应对竞争、政府监管及其他有关行业的具体问题。这是到目前为止，他们在一起最愉快的一段时间。

之后，服务员走过来，把账单放在了桌上，利亚姆谢过她，正打算伸手去拿。

“伙计，”谢伊反对道，“你到我这儿来，给我提了这么多免费的建议，至少午餐得让我请……”他看了看账单，“午餐的花费是23美元15美分。”

谢伊在桌子上放了30美元，然后看了看表，高兴地说：“我们回我的办公室继续聊！”他高兴得让利亚姆觉得有点不正常。

利亚姆想不到接下来会有什么在等着他。

圈　套

在回办公室的路上，谢伊给他的助手丽塔打了个电话，他只对丽塔说了5个字："我10分钟后到。"

利亚姆很好奇为什么他们的到达时间这么重要，但这个念头也就是一闪而过。

当车开到办公楼前，他们从车里出来的时候，谢伊说了一句话，引起了利亚姆的怀疑。

"你知道吗，利亚姆，我真的很尊重你，很感谢你能来这里帮我，我希望你知道我的这些想法。"

利亚姆有点困惑，迟疑了一下才关上车门："呃，好吧。谢谢。"

他们走进办公室时，丽塔正在等他们："乔伊和克里在楼上的会议室里等你们。"

“谢谢你，丽塔。”

他们沿着楼梯往上走，这里通往这栋大楼里最好的会议室。利亚姆问道：“有人在等你吗？”

谢伊有点兴奋地说：“有几个人我想让你见一见。”

走进大楼顶层的会议室，利亚姆看到一位男士和一位女士的背影，他们都穿着职业西装，正眺望着旧金山湾。

“谢谢你们这么快就来了，伙计们！”谢伊和他们像老朋友一样打着招呼。

两人转过身来，谢伊介绍道：“这是利亚姆，德尔玛警报的CEO。”

男士先开口了：“久仰大名，利亚姆。”

当他和那位女士分别与利亚姆握手的时候，谢伊介绍了他们：“利亚姆，这是乔伊·韦布伦和克里·赖德。”

“你可以叫我乔伊。”

利亚姆完全不明白他们为什么会在那里：“能告诉我，你们是做什么的吗？”他问道。

乔伊看着谢伊："哦，你们还没谈过吗？"

谢伊摇了摇头："没有，正好等你们来一起聊。"

克里迟疑了一下，自我介绍说："你好，我们是海湾合伙人公司的，是谢伊的私募投资公司。"

利亚姆不解地看着谢伊。

不能再拖延下去了，谢伊低头看了看自己的脚，然后又抬头看着利亚姆："我想收购你的公司，我的朋友。"

他等着看这位英国的CEO会作何反应。

但是利亚姆只是皱着眉头，好像听不懂他在说什么。

谢伊继续说："我们会让你成为一个非常富有的人，利亚姆。"

谢伊和他的投资者们走到会议桌旁坐下，利亚姆也跟着坐下，显得有点紧张不安。他们坐好后，乔伊先开口说话了。

"我知道这很突然，谢伊今早才打电话给我们，但他对贵公司的描述，以及他想组建一个足以与全美警报公司对抗的强大的区域性竞争公司的想法，让我们很感兴趣，促使我们急于想抓住这个机会。”

利亚姆开始回过神来，他的脸涨得通红：“你们怎么会认为这是可行的呢？”

“是这样的，”乔伊礼貌地解释道，“金门安保公司目前现金流很充裕，他们的员工人数比你们的多得多。”他停顿了一下，似乎有点犹豫要不要继续说下去，“还有，嗯，我们还给你们董事会的几个成员打了电话。”

“他们怎么说？”利亚姆追问道，“我无法猜测他们……”

克里打断他说：“事实上，我跟汤姆和凯瑟琳谈过，他们说他们绝对不会同意这件事情。”

利亚姆显然松了一口气：“是的，我不认为……”

这时，乔伊再次打断了他的话：“不过当我们告诉他们，我们准备出多少钱时，他们的态度似乎有所改变。”

“那你们的董事会呢？”利亚姆追问谢伊，“他们认为这是个好主意吗？”

谢伊点点头：“当我把你们的经营数据告诉他们时，他们告诉我应该赶快行动。”

克里解释说："这也是我们现在在这里的原因，我们明白机会是稍纵即逝的，甚至比我们想象的更快。接下来，我们还将接洽另外两家较大的安保公司，分别在洛杉矶和凤凰城，看看我们能否组建一个更大的公司以在西海岸对抗全美警报公司。"

利亚姆勉强点了点头，表示他听到了克里所说的话。他完全惊呆了："你们不会指望我现在就承诺什么，是吧？"

乔伊笑了："不，不，当然不会。我们是来告诉你我们有多重视这件事的，谢伊认为当面沟通一下，比电话或视频会议效果更好。当然，我们也希望加快收购的进程，争取在金门安保公司本财年结束前完成收购事宜。"

"我们还有两个半月的时间。"谢伊解释说。

利亚姆冷静地点了点头："对了，今天见面，你们对我有什么具体的要求吗？"

乔伊和克里对看了一眼，然后转身对利亚姆摇了摇头。

"没有，"克里解释说，"在目前阶段，我们必须先做一些尽职调查和资料准备，然后才能向你介绍具体的情况。等我们准备好再具体谈，我们会通知你的。如果一切顺利的话，我们还想尽快到你那里去实地考察一下。”

利亚姆又点了点头，努力挤出一丝笑容：“那好，很高兴会再次见到你们。”这不是他的本意。

显然，利亚姆已经无话可说了，穿着考究的投资者们站了起来，和谢伊握了握手，然后离开了会议室。送走他们，谢伊回到桌边，似乎有点不安。

“好吧，我知道这让你有些吃惊，利亚姆。”

“你这样认为吗？”利亚姆语气中带着愤怒和嘲讽。

谢伊继续说：“但我认为这是在正确的时间做的正确的事情。”

沉默。

终于，利亚姆说话了，几乎无法控制自己的情绪：“谢伊，我现在很想对你发火。”他停顿了一下，“事实上，如果我有父母在车库里为我和哥哥留下的那副拳击手套，我想，现在，在这个会议室里就把它们戴上，然后把你打得屁滚尿流。”他又停顿了一下，“真可惜现在办不到！”

谢伊局促不安地微微一笑：“能这样，我当然很高兴。”

利亚姆对这种拙劣的幽默毫无反应："你应该感到高兴，我没有在你的投资人面前说我现在要对你说的话。"

"我很感激。"谢伊说，尽管他不知道利亚姆到底是什么意思。

"很好。因为我们需要继续我们午餐时的谈话。你别指望我还会像午餐时那样对你那么客气。我要直戳你的想法。"

谢伊脸上的笑容消失了。

不再客气

“你真的认为继续我们的谈话还有意义吗？”

谢伊问利亚姆：“我的意思是，想想已经发生了什么？还需要继续聊吗？”

利亚姆深吸了一口气：“你真的不明白吗？”

“我想是的，不明白。”谢伊回答说，但语气并不坚定。

“你认为你能接受我们在德尔玛警报所做的一切，并能让它按此方式继续下去？”没等他回答，利亚姆继续问道：“你认为我们在数字上显示的业绩优势与我对你讲的内容无关？”

谢伊没有回应，但他的态度似乎在表示他不同意利亚姆说的话。

“你们公司的业绩比我们的还差，因为你没有做好你的工作，”他从椅子上站了起来，“你甚至都不喜欢你的工作。”

“等一下。”谢伊打断了他的话，有点激动。

利亚姆并没有停止：“你的会议管理很糟糕，可你不在乎，你管理不好你的团队，你也不在乎，你不能直面你的团队成员的问题进行谈话，因为这样的面谈会让大家不愉快。你花了最多的时间去做你自己想做的事。”

谢伊没有反驳。

利亚姆继续说道：“难道你不知道你的工作是去做公司里其他人都做不了的事情吗？”

谢伊似乎无法回答，最后，他可怜巴巴地说：“也许我比较喜欢授权给别人吧。”

“清醒点吧，伙计，”利亚姆提高了声音，“你这并不是在授权别人做事，你这是失职。”

短短几分钟，谢伊的态度从自信到惭愧再到戒备：“你要说的就这些吗？我不喜欢开会，我也不喜欢像保姆一样管理我的团队成员？”

“不，这不是我要说的全部意思，我说这些的目的不是你理解的开会和保姆式管理团队成员的问题，而是为了让你的高管团队成员能参与有关公司关键事项的重要谈话，让他们能用更高的标准要求自己。”他停顿了一下，“不过，我想，当你要求自己的标准都如此之低时，他们的这些行为也就都说得通了。”

谢伊生气了：“胡说，我在为这家公司拼命工作，仅仅是我的工作方式灵活而已，你没有权利去……”他停下来想寻找合适的词，“做个混蛋。”

利亚姆没有回应，沉默。

当他确信谢伊发泄完了，才开口：“你是对的。”他停顿了一下，“你也是错的。”

看谢伊没有反应，利亚姆继续说：“我没有权利成为一个混蛋，抱歉刚才我的言辞过于苛刻了。”

谢伊还在生气，但他耸了耸肩，好像在说“这没什么大不了的”。

“那，我错在哪里？”

“你应该不会想听，但不管怎样，我还是要告诉你。”利亚姆停顿了一下继续说，“也许你工作很努力，但你并不是为了公司。”

“你到底是什么意思？”谢伊想知道。

利亚姆回答道：“你是为了你自己。”他知道眼前的这位可能会因为这句话想揍他。

令利亚姆感到欣慰的是，谢伊没有暴怒，他似乎很伤心，但并不怎么生气，确切地说，他只说了一句话：“关于这个，你能再说明白些吗。”

此刻，利亚姆明白，他们的谈话还有希望取得重大进展。

指出要害

利亚姆回到桌边，在谢伊旁边坐下，说："好吧，你要小心点了，我会毫不留情的。"

"你有手下留情吗？"谢伊反击道。

利亚姆打断了他的话："不，我没有，我想说的是，我会更直接。"

"好吧。"谢伊回答道，声音里混杂着一种奇怪的感觉——既有困惑，又有信任。

"简单地说，你在做你喜欢做的事，你没有做公司需要你做的事。这就是为什么贵公司的业绩远远落后于我们的原因。"他停了一下，"你得相信我，我说的是实话。"

谢伊点头。

"我等一下会问你一个问题，你必须认真思考一下，我需要你诚实地回答这个问题，这非常重要。”

“你为什么不现在就问我呢？”

利亚姆摇了摇头：“我想你过一会儿再回答比较好。”

谢伊笑了：“你是个奇怪的家伙，利亚姆。我的意思是，前一分钟你还想打我，这会儿你却想帮我。”

“我还是想揍你，”利亚姆解释道，“但我认为我可以通过帮你解决这个问题，防止悲剧发生。”

谢伊不笑了：“也许我能让你相信这不会是一场悲剧。”

利亚姆说：“那我会很开心。”然后，他走到白板前写下了如下内容：

<u>一个糟糕的CEO回避的事</u>

管理好会议

管理高管团队

管理高管团队的每个人

和高管团队成员进行困难的谈话

不断向成员重复和传递关键信息

利亚姆转过身，看到谢伊一边读着上面的内容，一边皱着眉头。

“听着，你不能再这样下去了，如果你一直带着畏惧的心态去看这些事，你就完了。”

谢伊摇了摇头，说：“好吧，还有什么？”

利亚姆走到白板前，把白板上的“管理高管团队”圈了起来。

谢伊皱了皱眉，说：“这条你前面已经说过了。”

“不一样，这里是指勇敢面对高管团队中的每个人，处理一些可能让人不舒服的事情，我的意思是，充分了解他们正在做什么，以提供他们所需要的任何支持。”

“我觉得我做得很好，你还记得杰基今天早上对你说的话吗？”

“记得，但我认为她说的和我说的意思是不同的。”利亚姆解释道，“你为什么不解释一下你是怎么想她的回答的？”

“嗯，”谢伊想了想，“她说我平时放手不管，直到事情变得比较麻烦了，我才会插手去处理。”

“好吧，我的问题来了。”

“你之前说的那个重要问题？”

“不，一个小问题而已，但这是管理的关键。”他停了一下，“正如你所说的，当事情发展到很麻烦的地步时，你会觉得意外吗？或者你看着问题就这么发生，然后……”

谢伊打断了他，说：“我当然觉得意外，我会很难过，所以他们其实不想让我参与。”

“所以，当你说你会放手的时候，你是真的完全不管了？”

谢伊点了点头，说：“噢，是的，我聘用的那些人，经验都很丰富，是不需要我去管理的。”

“为什么你认为他们不需要被管理？”利亚姆问道，“或者说，为什么没有人需要被管理？”

“我说不清，但我认为，如果我付给了这些人与他们所在岗位的能力足够匹配的薪水，那么期望他们管理好自己也是合理的，他们都是成年人了。”

“那么，你认为管理到底是什么？”

“嗯，管理是关于目标设定和进度回顾之类的事情，这事我都做了20年了，现在我是CEO，情况就不一样了。”

“怎么不一样了？”利亚姆用检察官的耐心问道。

“我认为，如果一个CEO不得不操心他的高管应承担的事情，那他肯定是雇错人了。”

“我不打算对一个52岁的运营主管还管头管脚的，我想我的下属更喜欢我的管理方式。”

“如果他们失败了，就不会喜欢了。”

“如果他们开始失败，我就会跳出来帮助他们。”

“你的意思是你会去做应该他们做的工作，尤其是在市场营销、销售或者企业并购方面的事。”

“随你怎么说，我会帮助他们。”

利亚姆提出了另一个问题：“所以，在你的会议……”

“回到会议了？”谢伊笑着打断了他的话，调侃道。

“嗯，回到会议。”利亚姆看着白板，好像在板书中寻找着什么。

“请详细地说说，你的管理会议上所发生的事情。”

谢伊叹了一口气。

“你想知道什么？”

“你们是怎么开会的？首先做什么，其次、再次做什么？”

谢伊极不情愿地揉了一下太阳穴，但还是回答道：“嗯，通常我会先让杰基给我们通报一遍财务数据，根据她展示的数据情况，我会提很多相关的问题。如果我们业绩不理想，我会向卡尔询问情况。如果是费用的问题，不管是哪个部门超预算了，我都会问清楚。然后，会议上的每个人轮流汇报一下他们正在做的事情。有时候，我们也会讨论某个悬而未决的大问题。”

“举个例子说说，是些什么问题？”

“可以是任何事，像搞定一个新的大客户，或者一个新的广告宣传活动……”他停顿了一下，“没有固定的内容，我们也会讨论圣诞派对的计划，主要看那时候发生了什么需要讨论的事。”

“有关于技术、人力资源或运营方面的问题吗？”

谢伊摇了摇头说："我不是搞技术的，感谢上帝，我有本负责技术，还有玛格丽特负责运营，人力资源方面的事情通常都挺敏感的。"

"强调一下，你只处理你知道的事情。"

谢伊耸耸肩，点了点头。

"也是你喜欢做的事。"

他又点了点头，但没有那么自信了。接着，他突然想到了什么。"嘿，我想起之前你告诉过我，你没有时间参与你的高管所管理部门的工作，你所有的时间都用来做好CEO了。现在你又告诉我，我需要管头管脚地盯着这帮家伙干活。"

利亚姆摇了摇头说："首先，我没有说我在做我的高管该做的工作。我只是在指导他们，确保他们有很好的计划，确保我能及时知道发生了任何重大问题，以免为时已晚。这不是管头管脚的监控。"

"都一样，都一样。"

利亚姆摇了摇头说："不，这就是管理。唯一需要被管头管脚盯着的人是那个不想负责任的人。”

谢伊似乎接受了这个解释。

利亚姆继续把他的观点说完：“还有那些根本不想去做管理的高管们。”

“你什么意思！”谢伊有点生气。

“听我把话说完。一个人不管年龄是40、50还是60岁，尽管他拥有了许多经验，但并不代表他就不需要被管理。管理不是一种惩罚，也不是因为缺乏信任。管理能有效地指引方向和指导行为。世界上最好的足球运动员也需要教练。”

“你是在说美式足球还是英式足球？”谢伊再次流露出不屑的神情。

利亚姆没心情理会这种谢伊式的幽默。

“你知道我在说什么。最好的高尔夫球手、网球运动员以及其他项目的运动员，都要付很多钱给教练来训练他们。为什么你就认为做市场、销售或者做财务的就不需要被训练呢？更不用说作为一个团队时，教练有多重要了。”

谢伊耸了耸肩。

利亚姆坚持说着，言辞更激烈了："我是认真的，谢伊，作为一个CEO，仅仅因为可以不会被处罚就忽视对人的管理是一种失职的表现。"

"我很抱歉，我仍然很怀疑且难以接受，我相信灯塔伙伴的管理顾问一定给了你们更多的……"他停下来寻找合适的措辞，"实在些的建议，而你说的这些都很虚。"

利亚姆深吸了一口气，说："可以休息10分钟吗？我需要打个私人电话。"

谢伊看了看表，说："当然，现在还早，我们还有很多时间，我也需要马上给我的董事会打个电话。下午两点我们还在这碰头吧。"

谢伊一离开，利亚姆赶紧祈祷着，希望艾米能有空。

视频电话

当谢伊再次回到办公室的时候，他看到利亚姆正在用他的笔记本电脑和一个女人在进行视频电话，他感觉利亚姆用目光在示意他靠近一点。

利亚姆向他招了招手。

“他来了，艾米。”利亚姆对电脑屏幕中的女士说。

然后，他转向谢伊，介绍道：“谢伊，这是艾米·斯特林，你上周和她简短地通过电话，她是灯塔伙伴的负责人之一，也是过去3年灯塔伙伴和我们合作的首席顾问。”

谢伊在电脑前坐下，信心十足地向艾米打了个招呼：“嗨，艾米，很高兴认识你！我很欣赏利亚姆分享的你为他们所做的一切。”

“是吗？”艾米问道，没有任何讽刺批判的意思。

“嗯，是的，学习新东西总是好的。”谢伊礼貌地回答。

“我只有10分钟的时间，10分钟后我必须到我的客户那里去，如果可以的话，我就直说了。”

“没问题，请吧。”

“嗯，利亚姆似乎认为你对了解新的东西不太感兴趣，也许他还没有很好地描述我们和他一起在德尔玛所做的事，我说得对吗？”

谢伊没有直接回答这个问题：“艾米，我也直说了。我只是不明白，所有这些关于开会、管理个人行为和进行一些令人不舒服的谈话之类的事，这一切怎么可能就决定了事情的成败？并不是说我看不到这些事情的任何价值，但并不是所有的CEO都要这样做的吧。”

艾米把话接过来：“对，你不是第一个这么说的CEO。事实上，你说的话很像利亚姆几年前说的。”

利亚姆朝谢伊点了点头，好像在说“我告诉过你”。

她接着说：“我尽可能地说清楚一点，如果你的会议开得不好，你就会做出错误的决策，这几乎是无法避免的。几乎可以肯定，你们开会不是在谈论所有应该谈论的事情。”

谢伊似乎想插话，但艾米继续说下去。

“如果你的会议开得不好，那么很有可能你的高管和他们团队的会议也很糟糕，这是自上而下的。而负责让你的会议有效的人是你自己，不是别人，你不能把这项工作委派给别人，这事就是你的，只属于你。”

“我知道，我知道，”谢伊辩解道，“利亚姆也是这样告诉我的，他还说我不管理我的人，不和他们直面问题进行困难的谈话。这些我都懂，我只是做不到，做到就不是我了，我不擅长做这些。”

“利亚姆现在做的不正是你做不到的那些事吗？”

“除了这些，还有别的吗？”

“有的，你还必须成为主要的沟通工具。”

“嗯，我很喜欢参与市场营销的工作，还有……”

即便是视频电话，艾米也能打断谢伊：“不，我指的是内部沟通，与团队成员的沟通。”

“是的，我就是这样做的。今年年初，我和所有的副总裁一起召开了一个很好的开局动员会。之后，我又做了一个‘上年总结报告’的视频在公司内部传播。还有，我尽量每季度去外地办事处考察一次。我觉得在这方面我做得并不差。”

“太好了。不过，我说的沟通是指要不断地提醒你的团队成员关于公司的目标、战略、价值观和优先要处理的关键事情。你不仅仅是CEO，你还是公司的CRO。”

还没等谢伊问，她就解释道：“CRO就是首席提醒官，就是向想要聘用的员工、新员工、在职员工不断地提醒、更新和讲述以上的内容。对于重要的事情，提醒再多都不为过。”

谢伊对他所听到的并不感到兴奋，但他想在这位他看得上眼的专家面前维护一下自己。“我会每季度发送一份业务报告，包括最新的关键客户和销售达成的情况。”

“很好，”艾米解释道，“不过，这些都是你的销售主管和首席财务官可以做的事情。我指的是你应该做些更重要的事情，让你的高管团队成员知道要做什么，知道为什么要这么做，大家才能集中精力、协调一致地投入他们应该做的事情之中。”

谢伊沮丧地叹了口气：“艾米，我相信你和你的公司做得很好，我也相信很多公司都适合用你们的方法。”

利亚姆已经很想对谢伊喊叫了，但他还是保持着冷静，让他继续说下去。

“但我不认为我的时间花在你说的这些事情上是最好的选择。我是一个生意人，擅长撮合交易，这也解释了为什么金门安保公司的解决方案符合我们的客户需求，当他们在安保方面遇到困难的时候，我们会及时介入，促成他们与我们的合作，我们很大一部分客户都是这样成功签约的。”

沉默。利亚姆后来得知，那会儿连艾米也在克制着自己想对谢伊发火的冲动。

最后，艾米拿出了她的撒手锏：“我有个问题要问你，谢伊，这是所有问题中最重要的一点，我不希望你马上回答，但你要认真思考，并且请绝对诚实。”

谢伊突然有点兴奋，看着利亚姆说：“就是你之前要问我的那个重要问题吗？”

利亚姆点点头。

他转身对着屏幕，说：“好的。”

艾米继续：“谢伊，你为什么想成为CEO？”她停顿了一下。“或许更好的提问方式是：你为什么想当‘金门警报’的CEO？”

“金门安保。”他纠正她。

“不好意思，不管怎样，花点儿时间想想，我真的对你的答案很好奇。”

他刚要开口，她打断了他：“请你先花一分钟时间想想再回答。”

谢伊看着窗外，像他的狗每天早上做的那样，伸了个懒腰。没有人说话。谢伊似乎很专注地在思考他的答案。

大约过了45秒，谢伊打破了沉默：“我有答案了。”

艾米点了点头：“好的，请讲。”

“我不知道。”谢伊说得很真实。

“你不知道？”利亚姆疑惑地问。

艾米在屏幕那边微笑着。

突　破

谢伊朝利亚姆摇摇头："真的，我真的不知道。"

谢伊停了下来，皱着眉头，似乎已经有答案，但又有些不确定，然后转身向艾米解释道："我主要是不知道如何回答你这个问题。我有动力，我想成功，我喜欢竞争，我想提升自己。从我开始工作，我就知道，总有一天我会成为某家公司的CEO，这也是我持续努力的动力。"

艾米和利亚姆都没有立即回复。

谢伊转向利亚姆，说："那你又为什么想成为CEO？"

"就像你当初一样。"

看谢伊有些困惑，利亚姆解释道："但这不是我现在想成为德尔玛警报CEO的原因。"

"你这是什么意思？"

这时，艾米插了进来："听着，伙计们，很抱歉，我得回到我的工作现场去见我的客户，我认为你们可以从这里开始继续你们的探讨。"

利亚姆接受了艾米的建议，并感谢她抽出时间陪他们。艾米下线了。

利亚姆振作精神，努力让自己表现得坚强自信些。

"谢伊，我想成为德尔玛警报的CEO，因为我把我的工作看作一种责任和牺牲。你想做金门安保公司的CEO，是因为你把你的工作看作一种奖励。和你一样，我过去也这么想——当上CEO是对一生辛勤工作的回报，这意味着我可以做自己想做的事情，因为我已经赢得了这么做的权利。这就是我在英国惨败的原因。在圣迭戈，我原本也打算继续这么做的，就像你现在在这儿做的一样。"他停顿了一下，"问题是，这么做可能对自己有用，但永远不会对你应该领导的人或组织有用。"

谢伊既不同意也不否认，利亚姆继续说："我们今天谈到的所有这些责任和行为都会受到我们成为领导者的动机的影响。我们可以整天讨论我们应该做什么，但如果一开始就不明白我们为什么要做领导，那做这些讨论就没有意义了。”

利亚姆看到谢伊脸上的表情略有变化，好像他脑子里突然闪过了一道光，只是光很暗，他似乎没抓住。于是他继续说：“谢伊，当我不得不深入销售和工程团队去处理他们之间一个很小的办公室政治问题时；当我不得不给某人最后警告，要求他必须改变他的行为时；当我不得不在下班后召开会议处理一个紧急的问题时；当我不得不用同样的激情为又一批新员工入职培训做演讲时；当我必须去和安装人员见面，提醒他们，他们站在公司的最前线，每个人都在依赖他们时；或者当我不得不做……”他停顿了一下，“做任何其他人做不到的事情时，因为我是CEO，我微笑着感谢上帝，我在创造改变。我在公司里所做的，既是最差的，也是最好的；既是最孤独的，也是最具社交性的；既是最受赞赏的，也是最吃力不讨好的工作。我做这些工作感到很自豪，毫无怨言。因为这就是我想要的。尽管直到艾米告诉我这些，我才意识到这一点。”

谢伊静静地坐在那里，利亚姆完全看不懂他在想什么。

终于，谢伊点了点头，说话了：“你是个好人，利亚姆。”

利亚姆有点困惑。

“你来这里真是超乎寻常的慷慨大度，我的意思是，你让我知道了什么是最好的管理方式。”谢伊很诚恳。

利亚姆接受了这一独特的赞美。

谢伊深吸了一口气，说：“我看这样吧，下周一早上，我们具体再谈一谈……”

利亚姆打断了他的话：“周一我要召开我的高管团队会议，从十点开始到中午。”

“好吧，那我们周一午饭后再谈，如果可以的话。今天的内容，我不会对我的员工说任何一个字，如果你也可以先不说，我会很感激。让我们用这个周末来安排一下，看看我们接下来要讨论些什么，如何？”

利亚姆点点头，说：“好的，我看可以。没问题。”

两位截然不同的CEO握了握手，结束了一天的工作。

谢伊没想到的是，他的下一节课会在周末之前就到来了。

点 拨

谢伊刚回到办公室，他的手机就响了，是妻子丹妮打来的，想约他一起吃晚餐。

“亲爱的，孩子们今晚在朋友家过夜。”

“他们都去？”

“是的，我们去约会吧。”

“好啊，你说个时间、地点，我直接过去。”

“我想去玛丽亚餐厅，”丹妮说，“我都好几个月没去了。”

“哦，可我刚去那儿吃过午饭。”

丹妮央求道：“哎呀，你就不能再去一次吗？你可以点不同的东西吃，求你了。”

“好吧，那你得买单哦！”

“好的，亲爱的，我们五点半在那儿见。”然后，她紧跟着问道，“今天你和利亚姆聊得怎么样？”她特意把他的名字用英国口音加重了一下。

“我晚饭的时候告诉你吧，五点半见。”

谢伊到餐厅的时候，丹妮已经坐在里面了。她就坐在5小时前与谢伊和利亚姆坐过的那张桌子相临的桌子旁。

谢伊一坐下，她就开始说：“跟我说说今天过得怎么样。”

谢伊对她的热情感到有点惊讶：“你太兴奋了。”

“嗯，丽塔告诉我，你们讨论得非常激烈，她不知道什么原因，但觉得可能很不一般。”

“好吧，我就这么说吧，事情可能没有像利亚姆预期的那样发展。”

“他是个混蛋吗？”丹尼突然捂住嘴，“抱歉，我应该文明一点，他真像你说的那么自大吗？”

谢伊迟疑了一下，说：“我不想承认也不行，老实说，我真的不能说他是个自大的混蛋。事实上，他是一个相当不错的家伙。”

丹妮很高兴：“真的？那不是很好吗？”

谢耸了耸肩：“是的，我想是吧。”

“你想是吧？这是什么意思？”

“有些复杂”。

“好吧，你这家伙，”丹妮责备丈夫，“跟我从头说起吧，告诉我到底发生了什么事，精彩部分要慢慢讲哦。”

在接下来的半个小时里，谢伊尽可能详细地叙述了今天所发生的一切。从第一次给他的投资者打电话进行财务对比，到请利亚姆在玛丽亚餐厅吃午饭，包括他们就坐在邻桌，一直说到回到会议室后的重要面谈。

丹妮聚精会神地听着。但在谢伊说完后，她似乎没那么兴奋了。

“怎么了？”谢伊问道。

“没什么。”

“你看起来有点困惑，是感到失望了？”

丹妮瞥了一眼他们旁边的空桌子，说：“那倒没有。”

“说说吧，”谢伊鼓励她，“你怎么看。”

“好吧，”她皱着眉头说，“别误会我说的意思，因为我可能也看错了。”

谢伊点点头。

“有一件事我不明白，感到很奇怪。”

她显然有点犹豫是否说出自己的想法。

“来吧，女士，把你的想法说出来。”

她笑了：“好吧。我只是想知道这次收购是否是个好主意。”

谢伊迅速回应说：“如果我们能联合3~4家优秀的区域性安保公司的话，我们会让全美警报公司的日子很难过……”

丹妮打断了她丈夫的话：“我知道这样做的战略意义，我完全明白。”

她又停了下来。

“那问题是什么？”他问道。

“嗯，利亚姆对这一切感觉如何？他来这儿可不是为了把他的公司卖给你的。”

谢伊耸了耸肩，说道：“确实，他一点也不激动。但这就是商业运作的方式，尤其在一个不断发展的市场中。至于利亚姆，他赚了一大笔钱后，可以选择离开，也可以选择继续留在这里工作。相信我，他会没事的。”

丹妮似乎并不满意这个回答：“好吧，但是，亲爱的，你真的想经营一家更大的公司吗？”

谢伊又耸了耸肩，说道：“为什么不呢？只是公司大小不同而已，其他一样。”

“但你真的想经营一家更大的公司吗？我的意思是，你真的很享受你现在的工作吗？”

他皱起眉头，有点不理解丹妮是什么意思。

她接着说：“我觉得，自从你当上CEO后，你对工作的抱怨比过去10年都要多，你觉得你工作得开心吗？”

“当然，”谢伊飞快地回答道，“我的意思是，这工作本来就很困难，做CEO是一份孤独的工作。”

“我知道，但是今晚，你看起来很兴奋，因为你在做一件大事。”

“这有什么问题吗？”

“你会对完成收购以后要做的所有事情感到兴奋吗？还是说你会继续寻找新的收购对象？你在这件事上真正期待的是什么？”

谢伊看了看他旁边的桌子，然后瘫坐在椅子上，说：“这太奇怪了。”

“怎么了？”丹妮关切地问。

“你的话听起来像给利亚姆公司做咨询的那个女人说的。”

“为什么这么说？”

“她问我为什么想当CEO，我觉得这个问题很愚蠢。”

丹妮想让她的丈夫安心，说道：“嗯，我明白你为什么这么想了，这些年你一直很努力，确实，坐到今天这个位子也是合情合理的，”她停顿了一下，“对吧？”

谢伊点点头，但似乎并不是这么想的：“嗯，但如果你问我与艾米一样的问题……”他没能说完这句话就停止了。

“那好，我们一起来回答这个问题，”丹妮道，“你为什么想当CEO？”然后她又纠正道，“或者更好的问题应该是，你为什么想做CEO的工作？”

谢伊看着她，就像她刚刚才告诉他圣诞老人是不存在的一样，有点不相信：“你刚才说什么？”

“我说，你应该问问自己为什么喜欢做CEO的工作，CEO的日常工作。”

“你为什么这样问？”

“还记得我在圣玛丽小学教四年级的时候吗？”丹妮回忆道，“当时校长的职位空缺了，有人让我去申请这个职位？”

谢伊点了点头，他有点不好意思，因为当年他没有给予这件事应有的关心。

丹妮继续说："一开始我想我应该申请，我是学校最好的老师之一。"

"你就是那所学校最好的老师。"

"你肯定是偏向我的，不说这个！但当我想到校长整天要做的事情时，我发现，我还是喜欢做一名教师的工作，于是，我意识到校长的工作并不适合我。而在那之前，我一直认为将来我会成为一名校长，我意识到当校长只是获得了自我实现的价值感。我其实只想在教室里教书，而不是去管理教师和参加会议。"

谢伊莫名地紧张起来。他突然问道："嘿，名词和动词的区别，对吧？"

丹妮没明白："你在说什么？"

"你知道的，名词是……"

她打断了他的话："是的，我知道名词是什么，说得好好的，你为什么突然问我这个？"

于是，谢伊解释了首席执行官和首席去执行的官的区别。

丹妮点了点头，说：“没错，说得对，应该是首席去执行的官，重要的是做好这份工作，而不仅仅是拥有这份工作。”

就在这时，谢伊突然有点心不在焉，不小心把他的酒杯弄倒了，酒直接洒到了他面前盛薯条的篮子里。

他们清理了篮子里大部分湿漉漉的薯条，丹妮看得出，让谢伊不安的不是弄洒了酒。

“怎么了，谢伊？”

“我想我确实有问题。我需要再想想。”

醒　悟

在接下来的45分钟里，谢伊和他的妻子接受了一个事实，那就是他从来没有真正理解一个CEO应该做哪些工作。对丹妮而言，这个事实让她几乎和谢伊一样受刺激，因为她是看着他这20年如何努力才发展到今天的。

当他们吃完饭的时候——谢伊后来承认他那天晚上根本没吃过什么东西——他们做了一件在玛丽亚餐厅吃饭时从未做过的事，他们点了甜点。

他们总是喜欢拿水果馅饼开玩笑，想知道是否真的有人会点水果馅饼。但今天，他们点了，他们让服务员给他们端上一盘黏糊糊的东西。当盘子端上桌的时候，谢伊已经渐渐接受了对自己现状的认知，能够真正品尝他在吃的东西了。

“这真的很好吃。”他对丹妮说。

她笑了：“你看起来比几分钟前轻松很多了。”

“是的，我想我像看到了隧道尽头的灯光，这让我感觉松了一口气。”

“为什么这么说？”丹妮一边对付着勺子上的水果馅饼，一边问道。

“我也说不清楚，也想不出这意味着什么，但我想是时候强迫自己仔细思考一下了。”

丹妮咯咯地笑了。

“笑什么？”谢伊想知道。

“这听起来就像赫曼电影里的结尾台词。‘我想是时候强迫自己成熟一点了。’”

谢伊笑了：“喂，你什么时候开始学会取笑我了？”他把餐巾扔向丹妮，“也许我现在就正在成熟呢。”

“对不起，亲爱的，我为你感到骄傲。”她真诚地说：“我迫不及待地想看看你鼓足勇气的样子。”

他笑了：“我们出去度个周末吧，我已经厌倦了工作。”

推　进

在接下来的几周里，谢伊和他的投资者们深入研究了收购的细节，这意味着谢伊有很多机会与他的高管团队和利亚姆进行战术层面的互动。令谢伊惊讶的是，利亚姆的确找到了一套既专业又高效的管理方法。德尔玛警报公司的高管团队很少发生互相不配合的情况。

与此同时，只要看到谢伊把自己的需求放在公司的需求之前，利亚姆就会私下里敲打谢伊："我们有什么可失去的？"

就个人感觉而言，谢伊觉得自己就像在坐过山车。他强迫自己从另一个角度思考自己的工作，当他看到金门安保公司有希望成为市场上一个更有价值的强大实体时，那一刻他感到很兴奋，但下一刻却因为一些莫名的原因感到沮丧。考虑到他们要加快落实收购的速度，他没有时间进行更深入的自我分析。

更让谢伊觉得煎熬的是，他还需要在新的董事会、投资者和收购后公司的员工面前，竭力把自己塑造成一个值得信任的、自信的领导者。当交易即将完成的时候，他已经为扮演这个角色而筋疲力尽，他知道接下来的一周将是更艰难的一周。

“我觉得我应该去学习表演，而不是去商学院。”他在周日晚上睡觉前告诉丹妮。

他俩谁也没有笑。

“祈求上帝指引，”丹妮说，“还有赐予你勇气。”

谢伊满脑子都是收购的事，没去想这话意味着什么。

决　策

周一早上，谢伊组织召开了一个视频电话会议，参会人员有他和利亚姆，以及两家公司各一名董事会代表。乔伊是谢伊这边负责私人股权的，他代表董事会参加，她和谢伊在一个房间里。利亚姆邀请了已经退休的高管凯瑟琳·彼得森，她代表德尔玛董事会参会。

会议一开始，谢伊首先介绍了乔伊和凯瑟琳，并宣布了会议的议程。

“各位，我们今天的会议要澄清收购的最后一些细节。我想弄清楚这笔交易完成后，我们将是什么样子，它在财务上、战略和组织方面产生怎样的影响。”

比起利亚姆在几周前那个星期五看到的谢伊，他比那天任何时候都显得更加自信和威严。

凯瑟琳首先说话：“我们可以从组织架构的部分开始

吗？”

谢伊看着乔伊，他们互相点了点头：“当然可以。”

凯瑟琳接着说：“我想知道你是怎么……”

谢伊打断她，说道：“对不起，凯瑟琳。在你提任何问题之前，让我先说一下高管团队的组成架构，然后我们再开始。”

即使在视频中，谢伊也能看出，凯瑟琳似乎对他的打断和控制有点恼火。

“没问题。”她冷冷地说。

“好吧，”谢伊开始说，“我知道这似乎有些突然，尤其是在这最后的阶段，但我越来越清楚，利亚姆应该担任合并后的公司的CEO。”

参加会议的每个人，包括坐在他旁边的乔伊，都惊呆了。但是没有人说话，所以谢伊继续说。

“利亚姆是否接受这个职位并不取决于我，他完全有权拒绝我的提议。”他停顿了一下，“同时，我希望他考虑让我成为新公司市场营销或战略负责人的候选者。”

终于，乔伊说："这么说，你打算收购他的公司，让他来经营？"她看上去不是失望，而是困惑。

谢伊点了点头，说道："是的。很明显，他更擅长经营管理的事情。如果我们打算在未来两年内收购另外两家公司，我们需要他专注于组织建设，就像他在德尔玛警报所做的那样。而我可以聚焦在整合我们的营销能力上，并找到接下来的几笔收购。"

凯瑟琳笑了。利亚姆没有。

终于，利亚姆说话了："首先，如果我说我不震惊，那是在撒谎。"他深吸了一口气。

谢伊点了点头。

利亚姆继续说："其次，你知道如果你为我工作，我会要求你和我的人一样成为我所期望的那种经理和领导者吗？"

谢伊又点了点头，笑了："是的，我知道。如果你能耐心点，我想我能做到。"

利亚姆继续说："最后，我还是不相信这次收购在财务上和战略上都是正确的。我的意思是，在圣迭戈，我们在与全美警报竞争，我担心，合并后我们成为一个更大的组织，这将无法保持与客户之间的亲密关系，而这种亲密关系正是我们与大型全国性公司差异化竞争的关键所在。”

“哇，”谢伊说，“你比你的声音要更有智慧。”

“是口音。”利亚姆开玩笑说。

每个人都笑了，笑得很真诚，不像在演戏。

在接下来的 95 分钟里，4 位高管对合并后的行动计划进行了讨论。利亚姆根据谢伊和凯瑟琳的观点改变了 3 次主意。

会议结束时，谢伊对大家付出时间和精力表示感谢：“这是一次美妙的谈话，正因为如此，我认为我们做出了正确的决定。”

收购完成以后……

收购结束3个月后，谢伊和他的家人搬到了加州南部。等到夏天快结束的时候，丹妮会说主动降职是她丈夫做过的最好的决定。这段时间以来，他第一次真正享受了自己的工作，并且比以往职业生涯中的任何时候都更懂得经营管理。

一天深夜，他们把孩子们放到床上，准备关门休息时，丹妮状似无意地问了谢伊一个问题："你还想再当CEO吗？"

他毫不犹豫地回答："不。"

丹妮很惊讶，直到他说："但我开始觉得，几年后，我可能会准备好做一名CEO。"

理论与总结

导言

背景

我写的绝大部分书都是在用不同的方式帮助领导者，使他们的组织更健康，这些方式基本上可以归纳为，减少办公室政治、减少内部混乱及克服团队协作上的功能障碍，同时要增加组织清晰度、组织的一致性及提高生产效率。正如你所猜到的，几乎我所遇到的每一位领导者都希望自己的组织变得更健康，但为什么他们做不到呢?

很遗憾，在我的职业生涯中，我才逐渐认识到，一些领导者之所以未能实现组织健康，是因为他们完全没意识到自己不愿意去完成困难的任务，也不愿意面对完成这些任务所必需的挑战。这种不情愿源于其成为一名领导者的动机，一种错误的、危险的动机。

尽管对于思考得出的这个结论我感到很激动，但我差一点没写这本书，因为我的一位偶像不同意我这本书的这个前提假设。

几年前，我有幸与现代美国商界最优秀的一位领导者在我的办公室里共度了两天。他叫艾伦·穆拉利，曾经是美国波音公司商务部门的掌门人，任职期间领导了波音777飞机的上市，随后又带领福特汽车公司实现了振兴，创造了现代商业史上最惊人的企业扭亏为盈的案例之一。在我和艾伦为期两天的谈话中，他说了一些让我很受冲击的话。“帕特，在你的《优势》一书里，有个观点我不同意，就是你说领导者需要受苦的那个部分。”我没明白他的意思，于是他解释道：“领导是一种特权。做领导不应该被视为一种牺牲，当领导是令人高兴的事。”那一刻，我意识到为什么艾伦是一个如此出色的领导者，你看，他说话的样子如此自信，他是真的相信他所说的话，更重要的是，他相信别人也相信他所说的！

于是我回答说：“艾伦，你已经不在堪萨斯了。”（跟他开个特别的玩笑，因为他是在堪萨斯州的劳伦斯长大的。）我向他解释说，现在大多数领导者通常不把自己的角色视为一种特权或一种责任，他们认为这是获得的一种权利或者奖赏。

当我向艾伦解释了这一点，并分享了我遇到的许多有这种想法的领导者的故事（尤其是在硅谷和华尔街）后，他就明白了我这些想法产生的原因。事实是，很少有人会认同艾伦成为领导者的动机。

两种动机

从根本上而言，只有两种动机驱使人们成为领导者。被第一种动机驱使的领导者，他们要愿意服务于他人，愿意做任何能为他们所领导的人带来好处的事情，他们明白，在这种追求中，个人的牺牲和痛苦是不可避免的，为他人服务是他们成为领导者的唯一有效动力。这就是为什么当人们称赞一个人是“仆人式领导”时，我很生气，好像还有其他更有效的领导方式一样。

人们选择成为领导者的第二种动机是，他们想要得到回报，这是一个普遍存在但都不愿意承认的原因。他们将成为领导者视为多年辛勤工作的奖励，并被作为领导者所拥有的外在东西所吸引：被关注、地位、权力和金钱。单凭直觉去理解，大多数人都知道，这是成为领导者的一个可怕的理由，但重要的是要明确识别和确定为什么这是一个问题。

当领导者被获得个人回报而激励时，他们会避免这个岗位所要求的那些令人不快的情况和活动发生。他们会根据个人得失对那些令人不舒服、让人乏味的责任去斤斤计较，并且试图避免承担这些责任，而这些责任只有领导者才能承担。这不可避免地使其领导的人在他们的管理下没有方向上的引导、行为上的指导和必要的保护，最终会伤害到这些人及整个组织。员工们会难以相信他们的领导是如此的疏忽和不负责任，但从成为领导者的动机来看，这种表现是完全合理的。做个类比也许能帮助我们更好地理解，这种动机是如何阻止一个领导者成功的。

如果一个父亲坚持的信念是“为人父母是轻松和愉快的”，那么他将很难接受“要花大量时间去陪伴孩子或参加他们的活动”的理念。如果他坚持认为父亲不应该经常为了孩子的需要而牺牲自己的利益，那么你最多可以指望的是，他能偶尔陪着孩子玩玩滑滑梯的游戏，或者来一个“查克芝士餐厅之旅”，至于什么换脏尿布、辅导数学作业之类的事情就别提了。只有改变了对为人父母的根本看法，一个父亲才有可能成为好父亲。

当谈到领导一个组织时，我发现回报型的领导者也有类似的假设：他们的角色应该是轻松的和令人愉快的。因此，他们会委派他人、撒手不管，或直接忽视那些只有领导者才能处理的情况，留下痛苦以及会导致破坏性产生的管理真空。造成这一问题的原因是，他们中的大多数人根本不明白自己成为领导者的动机从根本上来说是错误的，许多人甚至以此为荣！

好了，是时候揭露回报型领导者的真实面目，并帮助领导者们去克服它了，这既是为了他们自己的利益，更是为了他们服务的人和组织的利益。这就是本书的全部内容。在接下来的内容中，我将首先详细探讨两种不同的成为领导者的动机。然后我将描述其中一种以获得回报作为动机的回报型领导者可能产生的危险和疏漏，同时帮助他们识别和调整自己成为领导者的动机。

两种领导者的动机

回报型领导者：相信成为领导者是对努力工作的回报。因此，作为领导者的感受应该是愉快的、享受的，可以自主选择所做的事情，避免去做任何平庸的、无趣的，或别扭的事情。

责任型领导者：相信成为领导者是担负某种责任，因此，领导者所感受到的应该是困难和挑战（虽然也有个人成就感的因素在内）。

没有一个领导者的动机单纯是回报型或者责任型。我们都有奋斗的时候，我们都有奋起做正确的事情的时候。但是，这两种成为领导者的动机中的一种将占据主导地位，起主导地位的动机将对领导者及其所服务的组织是否成功产生深远的影响。

为了更容易理解这一点，我们做个类比。

想象一下年轻人入选全国橄榄球联赛的场景。有些球员被球队选中时，他们主要感受到的是一种解脱和巨大的成就感："我终于成功了！经过多年的努力，我终于得到了回报和认可！我的生活将变得更加愉悦！我不必担心钱，我真的迫不及待地想庆祝一下，找个房子，买辆车……"

另一些球员，虽然对他们的成就也感到感激和满足，但他们立刻感受到了要向选中他们的球队证明自己价值的重任："我迫不及待地想拿到新的战术手册，开始为新赛季做准备，我不希望明年此时，我的教练和队友回顾今年时会后悔选择了我，我需要尽快找个地方住，然后开始工作，努力提高……"

这些球员之间有一个根本的区别，比起他们的天赋和技能，这个区别几乎总是对他们最终的成功产生更大的影响。简单地说，责任型球员的表现几乎总是超出预期，回报型球员的表现则几乎总是达不到对他们的要求。

虽然这似乎很明显，但还是值得问一下这些"如何"的问题。领导者的动机在组织中如何发挥作用？它如何影响他的日常工作活动？答案与行为息息相关。为了说明这一点，让我们回到橄榄球运动员的例子，并假设球员是外场接球手。（我向那些对橄榄球一窍不通的读者道歉，外场接球手是接住四分卫传给他们球的球员。）

以下是回报型的接球手不会做的事情。他在休赛期不会像责任型的接球手那样努力。比赛中，在没有得到球的时候，他不会那么努力地拦截，而且，如果他认为自己可能会被重击的话，很可能就不会像原来那样努力地穿越中场去接困难的球。他将被动地接球，被动地防守，被动地进攻。

或者想象一个国家的两位总统候选人。一位专注于自己当选，并把当选视为他一生中最高的成就；另一位则把选举看作他实现伟大目标的开始。在其他条件相同的情况下，第二位总统会比第一位总统好得多，这难道不令人惊讶吗？同样值得一提的是，回报型的总统会避免些什么行为呢？这里列举几个：花时间去了解重要的立法问题；会见那些很少有机会接受宣传的选民；坚持那些他个人不感兴趣的传统。而另一种责任型的候选人将会承担这些责任。

组织里的领导者同样如此。在我向CEO和他们的团队提供咨询服务的二十多年里，我一次又一次地看到了这一点，尽管当时我并不完全理解它。

我见过太多极有才华的CEO浪费了领导公司的好机会，

因为他们把自己的工作视为满足自己好奇心和喜好的乐园。我见过他们忽视那些没有让他们兴奋的真正的问题，远离那些没有荣耀、吃力不讨好的或者无趣的状况。我承认，在我自己是回报型领导者的时候，我也看到自己在避免做这些事情。这样很不好，它真的影响了我们领导的组织和人。

另外，我也看到相对普通的人却带领着他们的组织达到比任何人的预期都要高得多的高度，因为他们认为做最平凡、最不舒服的工作和任务是他们的责任。他们知道在聚光灯下演讲、成为众人瞩目的焦点是他们工作中很小的一部分，而让组织朝着正确方向前进的日常工作才是他们真正的工作。

同样，我们都不是完美的领导者。我们都会被诱惑，有时我们会屈服于获得奖励和回报的诱惑，寻找那些让我们觉得有趣的机会，忽略任何乏味或不愉快的事情。但是，随着时间的推移，那些选择成为责任型领导者的人，即便他们以前关注的是回报，都将认识到，他们曾经认为是乏味和不愉快的事情，其实是作为无私的领导者真正的工作，并且他们最终会开始喜欢这些工作。

现在让我们来看看回报型领导者倾向于授权他人、撒手不管或者直接忽视的情况和活动。

回报型领导者的5个疏漏

以下是回报型领导者授权他人、撒手不管或完全回避的5种情况或责任，这些情况和责任会给那些被领导的人带来非常大的问题。遗漏其中一种或几种，都表明可能其成为领导者的主要动机不当。

让我明确一点，这并不是一个领导者主要责任的清单，这是一个不同类型的列表。关于领导者的主要责任，我在《优势》一书中更详细地阐述了我的观点，这个列表仅仅列举了最常见的疏漏，是回报型领导者们觉得乏味的、不舒服的，或者有些困难的事情。每个部分的最后是一些问题，可以帮助你反思自己的态度，看看你是否在一定程度上与成为回报型领导者做抗争。

1. 培养领导团队

几乎每位领导者都会口头上承认建设自己的执行团队的

重要性。这就让人感到非常惊讶了，因为很多CEO及其他的组织领导者经常将这项工作授权给他人，有时甚至完全放弃。

在某些情况下，领导者会将团队建设的工作委派给人力资源主管。我再明确地说一遍，这是行不通的。这并不是对人力资源从业人员的抨击。如果领导团队中的成员不相信领导者将团队建设视为他最重要的职责之一，他们就不会认真对待这个问题，这件事也不会有效。领导者必须自己承担团队建设的责任，并积极参与其中。

有几个原因可以解释为什么聪明的管理者会让其他人来承担建设团队的责任。首先，他们不认为这是组织成功的核心任务。尽管他们可能会公开宣称，但仍有太多的领导者认为团队协作是一种软性追求，不如财务、战略或营销等更为技术性的问题重要。所以他们选择留在那些技术领域，让其他人来处理软性的东西。

其次，领导者往往意识到，有效的团队管理总是涉及情绪和不舒服的谈话。很少有领导者，即使优秀的领导者，会期待那些尴尬的时刻，因此，他们更愿意让其他人来处理。他们坐视不理，寄希望于一位同事或内部顾问能管理好情绪，让他们在没有混乱成本的情况下获得团队建设的好处。但这永远行不通。

在某些情况下，领导者也不会将团队建设委托给人力资源部门；他们只是完全忽略了这件事，他们常常为此找借口，认为团队建设只是做一些露骨地表达情感的事情，与最终盈利无关。首先，我支持他们不愿在无关紧要的团建活动上浪费时间的想法，比如做什么爬树、建造人体金字塔之类的活动。但我不同意他们对团队建设与最终盈利无关的观点，因为他们没有把团队协作看作一种实际的、有形的竞争优势，一种真正能使营销、财务、战略及所有其他技术性的追求取得成功的优势。

领导者的反思和行动号召

现在是个很好的机会，退后一步，问自己一些关于你是否愿意集中精力建设和发展你的团队的问题。

◎ 你是否觉得花时间发展团队成员间的人际关系是多余的，或者说是在浪费时间？

◎ 你是否为你的团队组织了“团队建设”活动，这些活动很有趣，但是基本都忽略了针对他们集体行为的一些不舒服的谈话？

如果你对这些问题的回答是肯定的，那么你可能有错误的领导动机。你必须做出一个严肃的决定，你可以重新思考你对团队建设的态度，并将其视为实际的、不可或缺的准则，或者你可以接受这样的事实：你领导的组织永远无法充分发挥其潜力，你的团队成员将遭受不必要的痛苦。我保证我在这里不是危言耸听。这些真的很关键。

2. 管理直接下属（并让他们管理自己的下属）

当谈到作为个人管理高管（而不是以团队的形式集体管理他们）时，多年来与我共过事的许多领导者都很纠结，尤其是那些更接近组织高层的领导者。这其实是一些事情的结果反应。

一方面，他们中的许多人被训练成把管理看成一系列官僚主义的、过于烦琐的活动，这些活动涉及撰写详细的目标，进行绩效考核，确定薪酬等。但无论是在行政管理层还是在一线，这都不是真正的管理。管理个人是为了帮助他们设定工作的总体方向，确保他们的工作方向与他们的同事保持一致并能为其所理解，还要保持足够的信息沟通，以便尽早识别潜在的障碍和问题。管理个人还涉及辅导和教练领导者改善自己的行为，使他们更有可能成功。

我发现，CEO们往往对其高管正在做的事情知之甚少，他们为此辩护的理由是宣称自己“厌恶管理太细”，或者声称自己完全信任下属。当然，信任他人并不是不管理他们的理由，帮助下属明确方向，了解他们的进展情况，这些也不算管得太细。

管理个人还有第二个方面是领导者必须完成的——他们必须确保他们的下属也在管理他们的人！这是我在高级领导者中发现的最容易被忽视的职责之一，尤其是CEO，甚至许多非常优秀的CEO在管理上也不会要求（如检查、提醒、再提醒）他们的高层对他们的员工做同样的管理。

所有这些都提出了这样一个问题：聪明而勤奋的领导者怎么会忽视了像管理下属这样基本而重要的事情呢？简单的事实是，他们中的许多人并不想真的去管理他们。记住，回报型领导者的动力来自这样一个想法：他们现在可以根据自己的喜好来选择做什么。他们的座右铭可能是“当国王真好”，但很少有“国王”愿意成为管理者。

值得重申的是，我所认识的许多注重回报的CEO会试图证明他们放弃管理下属的做法是正确的，他们会说："我雇用有经验的高管，我信任他们，他们不应该需要我来管理他们。"当然，这个说法是站不住脚的。管理一个人不是惩罚性的行为，也不是不信任的表现，它不会因为一个人的资历或任职时间而改变。管理是使人们的活动、行为和态度与组织的需要保持一致，并确保小问题不会变成大问题的行为。逃避管理完全就是失职。

领导者反思和行动号召

以下是你应该问自己的问题，关于你是否愿意积极管理你的直接下属。

◎ 你是否认为，为员工提供个人指导或教练工作在某种程度上有失你的身份，或者不值得你花时间去做？

◎ 你觉得你应该相信他们能够管理好自己吗？

◎ 你是否声称自己不想做一个事无巨细的管理者，以此来辩解自己其实不知道直接下属在做什么？

如果你对这些问题的回答是肯定的，那么你成为领导者的动机可能已经不复存在了。你可以重新考虑一个自己的角色，能更多地参与指导他们的工作，或者你接受他们经常无法达到你的预期，以及与团队目标不一致的事实。这完全取决于你。

3. 进行困难和不舒服的谈话

虽然进行困难的谈话理所应当是管理团队和下属工作中的一部分，但因为谈话更多的是处理组织中令人不舒服的行为问题，而许多领导者都试图避免与人相处时的不适，因此需要单独提出来。

领导者有一项主要的职责就是面对困难和棘手的问题，心慈手不软，迅速且清晰地解决掉。这里说的是哪类问题呢？包括从团队成员令人讨厌的行为习惯，到有害的人际互动和办公室政治在内的所有事情。在领导者应该“进入危险境地”就这些问题进行艰难谈话的时候，没有一个人会毫不犹豫，这是有道理的，因为我知道几乎没有哪个CEO喜欢做这些，大多数人都不喜欢。然而，当领导者回避这些情况时，他们就正在危及团队及整个组织的成功。

不过不要误会我做得很好；我理解领导者为什么会避免去做这些事情，是因为我自己也经历过很多次，而且我也不愿意承认自己到底有多少次犹豫不决。实际上，通过声称没有时间、没有精力或没有兴趣，为自己回避困难谈话的懦弱行为进行辩护是荒谬的，因为这是建立在一个荒谬的观念之上的，即被忽视的问题最终不会降低组织的绩效。

虽然我相信还有更多这样的领导人，但我只遇到过一位，他似乎真的很喜欢与自己的人对抗，他几乎会指出任何他认为不合适的行为，从他们没有提前准备好发言，到开会时看手机，再到对同事无礼。他就是我之前提到的艾伦·穆拉利。

艾伦成功的关键之一，是拥有我说的“快乐的责任感”。他喜欢接近那些需要纠正行为的人，并愉快地让他们知道，是否改变他们的行为或态度完全取决于他们自己，他会提醒他们，如果他们不能改变，他仍然是他们的朋友，但他们就不能继续在福特公司或波音公司工作了。

艾伦在提醒他们时，既不消极攻击，也不会表现出居高临下，他所说的每句话都是认真的、恰当的。通常情况下，他所面对的人会改变他们的行为，也有很多时候，他们选择离开这个组织，这比他们留下来继续他们的行为，然后不得不经历一个漫长的、痛苦的、费时费力的解雇过程要好得多。对于那些离开的人来说，他们选择自愿离开更好，也更有尊严。

否认艾伦在福特公司和波音公司的成功与他愿意与他的员工进行艰难、不舒服的谈话有关，如果不是假装不知道，那不就是太幼稚了吗？我反正是这么认为的，艾伦也是。他知道，建立或扭转一个组织要从改变它的领导者的行为开始，因为这会引导组织其他部分行为的改变。

任何领导者都是这样的。如果不能在小问题上迅速让人们意识到并处理，那么这些小问题就一定会成为大问题。如果你不是一个责任型的领导者，一个明白“如果领导者不去做，没有人会去做”的领导者，那么你可能会找到一个理由，几乎任何可以找到的理由，去忽略那些棘手的问题，而去做其他的事情。

在继续谈论这个话题之前，也许有必要花点时间找出大多数人回避困难谈话的一个简单的根本原因：这样的谈话会让人为难，也令人尴尬。随便找一个你认识的男人或女人，一个和你年龄相仿的人，一个有自己能力的人，然后告诉他们一些让他们马上感觉不好的事情，这不可能让人舒服。

我不得不承认我也不喜欢这样做，而且我曾经非常犹豫要不要这样做。直到有一天，我意识到，犹豫不决和回避这些谈话实际上是一种自私的行为。我不是为了员工的感受而避免这些谈话，而是为了我自己！最后，我用避免自己的不适换取了他们的不适，任由他们表现，让他们在绩效评估、薪酬面谈或更糟糕的离职面谈中暴露出自己的缺点时，承受更大的痛苦。哎哟，这还不包括它对整个组织产生的影响。

例子

以下是一些现实社会中的领导者的趣闻，他们不明白参与令人不舒服的谈话的好处。

◎ 有一次，我参加了一个客户的领导团队会议，难以置信地看到，一位无礼、令人恼火的高管在CEO面前睡了很长一段时间，可是即使在会议结束后，CEO也没有对他说什么。

◎ 我认识一家知名大公司的首席信息官，我叫他弗雷德。有一天，弗雷德通过一封发给全公司的电子邮件得知，他的上司已经聘请了一位新的首席信息官。因为CEO从来没有告诉过他，他将被替换，因此，弗雷德打电话到CEO的办公室希望安排一次面谈。助理说CEO没有时间和他见面，接着几个星期，CEO都回避与弗雷德见面，甚至在公司的私人飞机上，两人曾一度面对面坐着，但为了避免谈话，CEO假装睡着了。最后，弗雷德独自离开了公司。（我保证这不是我编出来的。信不信由你，这位CEO后来还写了一本关于领导力的书。）

◎ 我的一个朋友是一家大型公司的人力资源专员，支持人力资源部门主管的工作。一天，这位人力资源主管把她叫进办公室，向她解释说，他的一名员工有体臭，他想让她去面对那个有体臭的员工，因为他不想自己来做。

◎ 一家公司的CEO正在寻找新的首席运营官。他的执行团队中一个不受欢迎的成员（弗雷德）却告诉他的同事们，他将得到这份工作，这将使他成为他们的领导。相关的主管们并不喜欢为弗雷德工作，所以他们就这个情况与CEO对质，CEO向他们保证这不是真的，但当大家让CEO去纠正弗雷德的行为时，他却推脱说自己“没有时间和精力做这种事”。

领导者的反思和行动号召

问问自己下面这些关于你是否愿意进行困难和不舒服的谈话的问题。

◎ 你宁愿学着忍受一个人令人费解的行为，而不愿忍受与他们进行一场尴尬的、可能带有情绪的讨论吗?

◎ 你是否发现自己对下属的行为问题总是直接指责而不是与他们交谈?

如果你对这些问题的回答是肯定的，这可能表明你的领导动机需要调整。你需要重新设定你对工作“舒适”的期待值，鼓起勇气开始进入一些你觉得有些冒险的谈话，直到这种对话变得很自然。或者，你应该准备好应对不断出现的办公室政治、员工士气问题及团队和组织中不希望出现的人员流失问题。

4. 组织高效的会议

会议仍然是企业最不受欢迎、最被低估的活动之一。这是领导者决定是收购竞争对手，还是把自己卖给竞争对手；

是雇用更多的员工，还是解雇一些人；是实施新战略，还是淘汰旧策略的地方。在组织中，还有比会议更重要、更核心、更不可或缺的活动吗？

在这里，我不会详细介绍组织有效会议所涉及的具体活动，因为这将是另一本完全不同的、篇幅更长的书的主题。在本书的上下文中，我将简单地聚焦一个令人震惊的现实：在众多的组织中，那些负责使会议变得更好——更有效、不那么无趣——的人往往是抱怨它们最多的人！

很多CEO和其他的组织领导者都不怕承认自己害怕开会，他们把会议中的坦诚认为是一种忏悔，因此，他们只是用忍受的态度“挺过”糟糕的会议，而不是让会议像应该有的那样变得有重点、有意义、有激情，有些人甚至试图完全避开会议。

让我们后退一步，再客观地好好看看。一位领导者把他的会议看作一件苦差事，就如同一名医生这样看待他的外科手术，一位老师这样看待他的课堂讲课，或者一名四分卫球员这样看待他的比赛。我前面说了，会议是最重要的讨论发生的场所，是重要的决定产生的时刻，还有什么比这更重要呢？

这样说吧，观察一名外科医生、一位教师或者一名四分卫球员是否擅长自己的工作，最好的地方就是在手术室、课堂上或者比赛中。观察领导者最好的地方是哪里？没错，就是会议中。

如果领导者认为会议的地位没那么重要，会导致双重的结果。首先，也是最重要的一点，糟糕的会议会导致糟糕的决策。事实是，如果会议不吸引人，那么做出的决策质量将低于标准的水平，这完全合乎逻辑。我无法彻底算清楚，也没有标准，如何才能恰当地评估这对组织的业绩和成功的影响，但影响无疑是巨大的。

领导者接受了糟糕的会议后导致的第二个问题是，它为组织的其他部门做了榜样。一个公司的最高层所能容忍的标准，往往是其内部在此方面的最高期待。这并不是说，有些经理不会尝试让他们的会议比领导的会议更有效，而是他们不太可能感受到不这么做的压力。相比之下，如果一位经理的上司主持的会议非常棒，那情况就不一样了，他很可能希望自己的会议也达到那样的水准，这不是什么高深、难理解的事。

例子

以下是一些现实社会中没有把握住会议关键的领导者的趣闻。

◎ 我曾经与一位非常有魅力的CEO共事，他讨厌开会。在会议过程中，他会经常开小差，低头看旁边的椅子，那是他摆放体育杂志的地方。令人惊讶的是，他团队里的每个人都知道他的这个行为，但他们似乎已经接受了这样一个事实：他不会对有关业务的详细谈话感兴趣，除非这些谈话让他产生一些个人兴趣。他的公司最终也以令人吃惊的方式破产了。而CEO对业务基本面的漠不关心是破产的一个重要原因。

◎ 我认识的另一位CEO发现，会议在很大程度上是一种战术性的、行政性的管理活动。他并不打算取消这些会议，只是想减少自己在会议上投入的时间。因此，他将高管会议的策划和组织工作委托给了他的人力资源主管。管理团队的成员，包括人力资源副总裁，觉得会议过程缺乏激情，他们认为这是由于CEO对正在发生的事情不感兴趣。

领导者的反思和行动号召

以下是关于会议你应该问自己的问题。

◎ 你是否抱怨过自己的会议无聊或效率低下，是否渴望会议早点结束？

◎ 你是否允许你的员工和你自己在会议期间离开，或是自己也时不时地跳过会议去做“更重要的”工作？

如果你对这些问题的回答是肯定的，那么你的领导动机可能有问题。你应该全身心地投入策划和组织热烈而聚焦的会议中。或者，就干脆让自己屈从于做次优的决策，少量的创新或大量的后悔，很简单的选择，不是吗？

5. 不断重复地与员工沟通

大多数CEO并不讨厌与员工沟通，但他们中的很多人大大低估了必要的沟通次数。因此，在宣布一项新战略或新计划时，他们自己认为已经做得很好了，结果大多数人，甚至许多高级职位的员工都还没有理解和接受这些战略和计划。最近我会见了一位CEO和他的人力资源主管。CEO说：“我们必须拯救这家公司。”人力资源主管说：“我从来没听你这么说过。”CEO说：“我以为这话我已经说了一年了。”你觉得，如果公司的一位高管都没有听到并理解这个信息，组织里的员工是否会听到并理解呢?

我读过一些相关的研究报告，里面说，员工必须听到一条信息7次，他们才会相信领导是认真的，而在此之前，他们并不重视这些信息，会认为这只是公司言论或内部宣传。

尽管我已经有一段时间没做基层员工了，但我还记得自己那时对大多数公司高管的沟通都是持保留态度的，除非随着时间的推移，他们不断地强化这些信息，才能让我打消疑虑。

遗憾的是，很多CEO拒绝一次次重复自己说的话。这有几个原因，他们中的许多人担心，过多地重复一个信息是对听众的侮辱，但他们忘记了，员工讨厌不知道公司里发生了什么，也忘记了，没有一个理性的人会因为管理层沟通太多而离开公司。“我要换个地方，那里的领导事情只会说一次，不会老是重复！”虽然过度的沟通总比让员工犯错要好得多，但大多数领导者认为不去冒这个险会更舒服。

还有一些CEO，尤其是那些回报型的CEO，沟通不足的另一个原因是他们自己对重复这些信息感到厌倦。“关于我们的核心目标和价值观，我们的报告做得还不够多吗？我们还有什么没说过的吗？”他们没有意识到沟通的目的不是自得其乐，也不仅仅是简单的信息传播。CEO与各级员工进行沟通的目的是确保员工所做的事情与公司成功的要求保持一致。这是一个融入了情感和调整行为的过程，而不是简单的信息交流。这需要领导者真正地、重复地做那些有时甚至很乏味的工作。

最优秀的企业领导者都明白这一点，并且会毫不犹豫地一次次重复他们的话，他们把自己当作CRO——首席提醒官。无论是在员工活动时发表演讲、给员工发送提醒邮件、在新员工培训时讲述公司成立的故事、在内部刊物上写一封信，还是与员工共进午餐，他们都会坚持灌输些最基本的信息，因为他们知道员工需要一遍又一遍地听到这些消息，一遍又一遍，直到明白。当然，优秀的领导者在强化信息时，会努力发挥创造力，尽可能用不同的方式描述。不过他们更担心的是员工不了解情况，而不是自己被批评说得多。

例子

以下是几位明白持续反复地沟通的重要性的领导者在现实社会中的轶事。

◎ 我认识的一位CEO一直相信自己要做一名CRO。他利用他能找到的每一个机会不断地提醒员工，关于组织的基本原则和客户的重要性。结果，他遭到了自己管理团队的反对！“我认为你需要一些新的内容了。”他们会半开玩笑地取笑他。他差点就要听从他们的劝告了，正好读了我的一本书，我在书中介绍了CRO——首席提醒官的概念。“看，”他告诉他们，“我就是应该这么做！”于是，他说服了他们，虽然他们可能已经听够了他的信息，但组织中的员工还是需要更多的提醒。

◎ 也许我所认识的最好的首席提醒官是加里·凯利，他长期担任西南航空公司的CEO。在过去的十多年里，我见过他多次与公司高管和员工交谈，我还在他们公司的飞行杂志上读过他每月给员工和客户的信。一次又一次，加里在西南航空公司重复地提到公司的文化和战略的核心话题，他用不同的方法来说，使他的提醒变得既有趣又新颖，但他并没有为了保持信息的活力而偏离信息的本质。

◎ 我知道的另一个世界级的CRO是艾伦·穆拉利。当他接管福特公司时，他制订了一个简单而有效的计划来扭转公司的颓势。《华尔街日报》邀请他接受采访，他把这个计划提交给他们，让他们按此写一篇文章。一年后，《华尔街日报》再次邀请他，想更新一些情况，艾伦却继续与他们分享这个计划，他们问他是否有新的内容，因为他们已经讲过这些内容了，艾伦只是简单地解释说，计划就是这个计划，他的工作是让公司专注于这个计划，而不是每个月从一个计划转到另一个计划。

领导者的反思和行动号召

问自己以下几个问题，看看你是否愿意不断地、重复地沟通。

◎ 你是否讨厌不得不重复自己的话，抱怨你的员工不听你的?

◎ 你是否因为一遍又一遍地重复说同样的事情而感到

厌烦，因此要寻找新的信息和想法去沟通？

如果你对这些问题的回答是肯定的，那么你成为领导者的动机可能就不太正确。你需要改变你对沟通的基本态度，把它看作帮助别人理解和消化重要思想的工具，而不是自己自得其乐的活动。否则，你将不得不接受这样一个事实：你的员工，甚至你的高管，经常会感到困惑和信息不一致，你需要习惯他们因为无法理解你的想法、无法支持你的计划而感到的惊讶和沮丧。

总　结

同样，这5个方面——建立一个领导团队、管理直接下属、进行困难的谈话、组织高效的会议、不断向员工重复关键信息——并不是领导者的主要职责，这仅仅是一些领导者经常会有意或无意地回避的情况和责任，因为他们不认为要做别人做不到的事情是他们自己的工作。

缺陷和警惕

没有人是完美的，没有一个领导者成为领导者的动机是纯粹的，我们每个人都会受到以回报为中心的诱惑，大多数人有时会屈服于这种诱惑，然而，这两种成为领导的动机中的一种最终将在领导者的日常工作中占据主导地位。这就是为什么对任何一个领导者来说，理解他成为领导者的主要动机，并尽一切努力接近成为纯粹以责任为中心的责任型领导者很重要。

重要的是，我们还要明白，即使是那些责任型领导，也难免会滑倒。因为我们人类都是容易犯错的，喜欢被奉承，容易疲劳，所以即使是最优秀的人也会不知不觉地滑向成为回报型的领导。

这是因为责任型的领导者不可避免地会因为他们的谦逊和无私受到赞扬，即便他们只是在做他们作为领导者应该做的事情。在这样的赞美下，他们开始把自己和回报型的领导者做比较，并逐渐降低自己的标准，慢慢地，不知不觉地就变成回报型的领导者了。直到有一天，这位领导者能醒悟过来，就会发现自己正在逃避那些看似吃力不讨好的责任和状况。

最后，至关重要的一点是，责任型的领导者也好，甚至不是责任型的领导者，他们都必须面对一个现实，即他们所领导的人可能不会如实告诉他们，关于他们行为中不合适的地方。领导者每得到一点建设性的意见，都会伴随着一打的赞美，其中很多都毫无根据。这在理论上也可以理解，但在持续的认可和赞美下，任何一个领导者，即使是最谦卑的领导者也很难不受影响，由此难免会形成一个扭曲和不准确的自我认知。这就是为什么说领导者身边要有诚实的人是如此重要。

乐趣的危险

值得注意的是，并不是所有回报型的领导者看起来都一样，他们也不是在寻求同样的奖励和回报。例如，有一些领导者是为了寻求关注和地位来作为他们的奖励，这可能是最常见的一种，其他的可能会更多地受权力的驱使。

而且，许多回报型的领导者并不是被那些明显的与自我成就感相关的因素所激励，他们是希望把时间花在他们认为令人愉快的、有娱乐性的及有趣的事情上。是的，很有趣，这看起来很无辜，但它特别危险，因为，它似乎是无害的。

以乐趣为中心的领导者可以很容易地为自己的行为辩解，或者将其造成的伤害最小化，因为毕竟，他们不像那些希望获得关注和地位的人那样以自我为中心来考虑问题。但是，仅仅因为觉得不愉快或无趣就回避重要活动的领导者，其行为所造成的管理真空，问题同样很严重。归根结底，即使是那些寻求乐趣的领导者也是在为自己着想。相信我，我自己也犯过这个错误。

仆人式领导的终结

《动机》是迄今为止，我写得最短、最简单的一本书，但我认为它可能是最重要的一本。因为，不仅仅对个人，甚至对整个社会来说，因为错误的原因而成为领导者所带来的风险实在是太高了。

我担心有太多的人已经开始允许，甚至期望领导者以自我为中心。太多的员工对于公司高管们逆来顺受，而这些高管们却只做符合自己利益的事情。太多的高管甘于为CEO工作，而这些CEO却完全不能被期望去做他们觉得不舒服或无趣的事情。还有太多的公民听命于公民领袖，但这些公民领袖只根据他们当选或受欢迎能力的民调数据来制定政策。

因此，如果以奖励为中心、以自我为中心的领导者普遍存在成为常态，年轻人长大后就会相信这就是作为一名领导者的意义所在。错误的人会渴望成为经理、CEO和公民领袖，这迫使未来几代人的社会都面临更多同样的问题。我们不能允许这种情况发生。

我相信，作为个人和社会，我们早已重新树立了一个观念，那就是：领导力既与领导者有关，更涉及被领导的人。当员工在经理身上看到回报型领导者的表现时，他们要勇于指出；当经理们意识到情况属实的时候，他们要做出承诺去改变。当公民在他们选举和任命的公务员身上看到这些表现时，他们要敢于大声反对。

如果我们能够重新树立这样一种共同的观念，即领导应该是一种充满欢乐的、困难的、无私的责任，那么我相信，我们将看到企业变得更加成功，员工变得更加敬业和满足，社会变得更加乐观和充满希望。也许人们会完全停止使用“仆人式领导”这个说法，因为每个人都明白这是唯一有效的一种领导。这当然值得我们去做。

作者作品介绍

《优势》(*The Advantage*)

组织最重要的竞争优势是什么？优秀的策略、快速的创新还是聪明的员工？畅销书《团队协作的五大障碍》作者帕特里克在本书中会告诉你答案：组织健康。他将 20 年的写作、现场研究和为世界知名组织的高管提供咨询的经验进行了总结，将真实的故事、轶事与可行的建议结合起来，创作了本书。作者以通俗易懂的语言证明了在一个组织中实现巨大进步的最佳途径莫过于消除功能障碍、政治和混乱的根源。

《CEO 的五大诱惑》(*The Five Temptations of a CEO*)

故事的主人公安德鲁升任 CEO 一年以来，业绩平平，相比之下，他的精神状态更加困扰他。他在地铁上碰到的古怪老人查理，主动过来跟他聊天，帮他找到精神困扰的原因，就是

CEO 的五大诱惑。三年以后，安德鲁的公司取得了惊人的变化。

本书的前半部是一部精彩的商业小说，神秘、流畅、悬念迭出；后半部分是专业的模式诊断，深刻、犀利、论述周详。这种深具兰西奥尼特色的写作方式已经在商业管理图书中大获成功。几乎每个领导人都可以从小说中找到自己的影子，同时在专业的模式分析中找到失误的深层原因和应对策略。

《CEO 的四大迷思》（*The Four Obsessions of an Extraordinary Executive*）

在许多方面都很相像的两个 CEO——都是当地一流的技术咨询公司的 CEO，同期就读于同一所学校的同一学院，都是讨人喜欢的体面男人——他们所带领的公司的情况却几乎天壤之别：一个被商业报纸视为至爱，行业分析师总是奉承巴结，客户对它赞不绝口、不离不弃，优秀人才趋之若骛，而另一个的情况却截然相反，以至于外部顾问都认为这两家公司相同点之少，使人极难进行比较。造成这一切的原因

在于，前者的 CEO 掌握了打造健康组织的秘诀：健全组织的四项行动准则！

本书的前半部分是一部精彩的商业小说，充满魅力，极富启发性；后半部分是关于团队建设的专业剖析。书中关于四大行动准则的精准分析，为创立健康的组织提供了一幅清晰的路线图。遵循这个简单的方法，你的企业会变得士气高昂、创造力超强，还能降低不必要的人员流动率和招聘费用，成为一个极具吸引力的高效组织。

《打破部门壁垒》（*Silos，Politics and Turf Wars*）

故事的主角裘德·卡森，是个年轻而冲劲十足的管理顾问。在和客户交流的过程中，裘德意识到一个普遍存在而又非常棘手的问题，即公司部门间的扯皮和内耗。在费尽辛苦、出尽洋相之后，裘德终于找到了一种简单实用的解决办法，把杂乱无章的部门间争斗转化为高效的团队合作。

本书的前半部分是一部精彩的商业小说，风趣地探讨了形成办公室政治的部门间的壁垒问题，后半部分是关于部门争斗问题的理论总结，包括理论模型、案例研究与解决办法等。兰西奥尼的商业寓言不但读起来引人入胜，而且颇具实用价值，相信凡是对部门之间扯皮和办公室政治有所体会的人都会从本书中获益良多。

《理想的团队成员》(*The Ideal Team Player*)

从事高科技行业的杰夫决定离开充满压力和交通堵塞的生活，离开硅谷去纳帕谷接手叔父的建筑公司。上任后，他急于恢复公司团队文化，致力于打造更有效的高水平团队。在这个过程中，他认识到一个理想的团队成员应该具有三个不可或缺的品德，通过这些品德来形成公司的文化，才能拯救这个公司。为此，他必须面对失去一些有能力而不太懂得如何进行团队协作的员工，并说服他偏激的运营副总裁，而不是在短期业务的压力下降低公司的招聘标准。

在故事之外，作者提出了一种实用的框架和可操作的工具，用以识别和发展理想的团队成员。无论你是一个领导者，试图创建团队协作精神，还是一个想要提高自己的团队成员，你都将从本书中获益良多。

以上图书中译版由电子工业出版社出版，各大新华书店及当当、亚马逊、京东等网上书店均有售。

《动机》（*The Motive: A Fable About the Only Good Reason To Be a Leader*）

一个即将下岗的CEO向最后的希望——咨询公司求救，却意外接到了竞争对手企业CEO的电话……

作者通过两位具有截然不同领导动机的CEO的故事，帮助领导者认识领导动机对个人及企业的深刻影响。书中包含简单的自我评估，帮助领导者认识真我，并针对自我评估结果给出了帮助领导者重新审视自己成为领导者的动机、成就卓越的实用工具与建议。

《示人以真》（*Getting Naked*）

一家全球知名的咨询公司的高级咨询顾问，最讨厌一家规模远小于自己公司的竞争对手了，因为他们常常被打败。可令他无奈的是，在他有机会晋升的关键时刻，他被要求去接管这家公司，因为他们收购了它。在对他们充满敌意的接触中，他惊奇地发现，对手成功的原因其实非常简单……

本书通过引人入胜的故事揭示了发人深省的商业价值观，根据作者创建的圆桌咨询公司十几年来的深刻经验，用幽默的、深入浅出的语言总结出服务业制胜的精髓所在，分享了咨询业的秘密和客户服务之道。

相关培训与咨询

克服团队协作的五种障碍导师认证课（第 2 版）

电子工业出版社世纪畅优公司获得美国 Table Group 独家授权举办 Table Group 资深顾问导师亲临执教

为企业打造具有高凝聚力的卓越团队，为组织进行健康诊断，通过强化清晰度提高竞争力，这一切都需要在世界一流导师的培训下，通过学习与演练，获得权威的认证许可，提升培训与咨询能力，为组织创造更大的价值。

克服团队协作的五种障碍工作坊（第 2 版）

Overcoming the Five Dysfunctions of a Team

工作坊目标：致力于帮助企业建立高绩效的领导团队，极大地提高团队凝聚力与执行力，为提升组织健康打下基础。

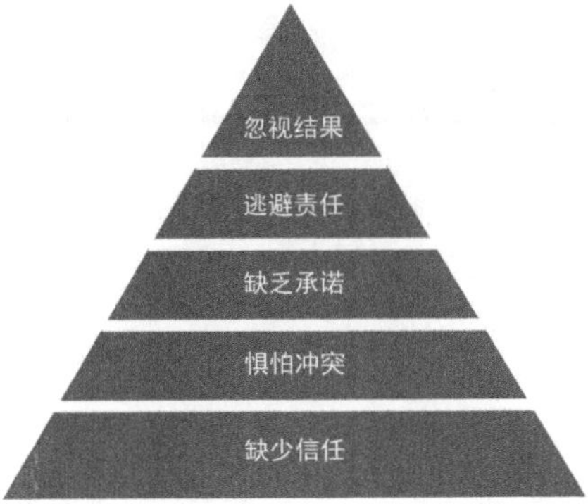

一、真实领导团队工作坊

面向组织中一个真实的领导团队开展。在真实领导团队工作坊中，设计了高度实操型团队测评、团队现状分析及增进真实领导团队协作性的活动练习，能够真正帮助领导团队就团队使命、团队协作原则达成共识，朝向成为一个高凝聚团队的目标迈出一大步。

二、领导者工作坊

面向组织中来自不同团队的领导开展。在团队领导工作坊中，将以提升领导者团队领导力为目标，学习如何通过运用“克服团队协作五种障碍”模型来提升他们自己所带领团队的凝聚力、团队协作的高效性，以及目标达成的执行力。

两个互动性很强的工作坊给学员提供了既实用又可以立刻见效的工具和策略，这些工具和策略还可以让学员在今后的工作中持续应用。

组织健康是组织唯一的竞争优势

Organization Health Is a Unique Competitive Advantage

打造组织健康的真实领导团队工作坊，是组织迈向健康的最理想起点。贯彻咨询项目是提升组织健康的有效保障。

一、真实领导团队工作坊

领导团队工作坊针对团队领导及他的直接下属设计，具有高互动性、快速推进的特点。开展工作坊能够使以组织领导为首的领导团队有机会对其组织的健康度进行评估，建立领导团队凝聚力，并识别能够最大化组织优势的特定行动。

在工作坊期间，领导团队将深入学习兰西奥尼畅销书《优势》《团队协作的五大障碍》中的基本概念，并学习如何将这些理论概念付诸实践。两天的工作坊中，包括简短的讲解、实践活动的演练，以及为了落实组织健康四原则，针对参加工作坊的特定领导团队及组织自身开展的定制化的研讨。

工作坊中的团队活动与研讨，都针对参加工作坊的领导团队所在组织的真实商业活动而展开，工作坊参与者不会感觉他们仅仅是学习一种理论，或者感觉学习与工作不相干。

二、提升组织健康贯彻性咨询项目

在健康的组织中，领导团队团结协作，不存在办公室政治与混乱，整个组织都为了组织共同的目标而工作。

基于兰西尼奥的畅销书《优势》中的模型，咨询项目通过以下三个阶段，帮助组织定制化地设计出符合自身现状打造组织健康的行动路径，并保证所给出的行动路径可以在组织内长期确立并采用。

阶段一：建立富有凝聚力的领导团队并打造组织清晰度。

阶段二：反复充分沟通组织清晰度。

阶段三：强化组织清晰度。

反侵权盗版声明

举报电话：（010）88254396；（010）88258888

传　　真：（010）88254397

E-mail：　dbqq@phei.com.cn

通信地址：北京市万寿路 173 信箱

电子工业出版社总编办公室

邮　　编：100036